ATLAS PRATIQUE DE LA CUISINE AU MICRO-ONDES

Édité par :
Éditions Glénat

Services éditoriaux et commerciaux :
Éditions Glénat, 31-33 rue Ernest Renan
92130 Issy-les-Moulineaux

Cet ouvrage est une édition partielle de l'encyclopédie
« Cuisinez au micro-ondes » publiée par les Éditions Atlas

Crédits photos :
En couverture : Les Cours, Whirlpool
Intérieur : Les Cours, sauf page 7 : Moulinex
Maquette de couverture : Les Quatre Lunes

Imprimé en C.E.E.
Dépôt légal : 2ème semestre 2000
ISBN : 2.7234.3224.6

ATLAS PRATIQUE DE LA CUISINE AU MICRO-ONDES

EDITIONS ATLAS

Sommaire

1

Conseils pratiques

Ce qu'il faut savoir

Pour beaucoup d'entre vous le micro-ondes c'est nouveau ; pour d'autres ça ne sert qu'à réchauffer ! Grâce à cette fiche, découvrez les fantastiques possibilités de cet appareil de cuisson.

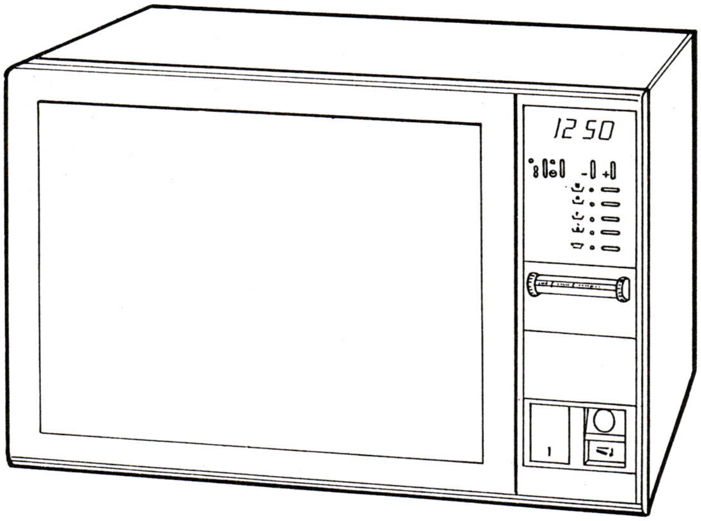

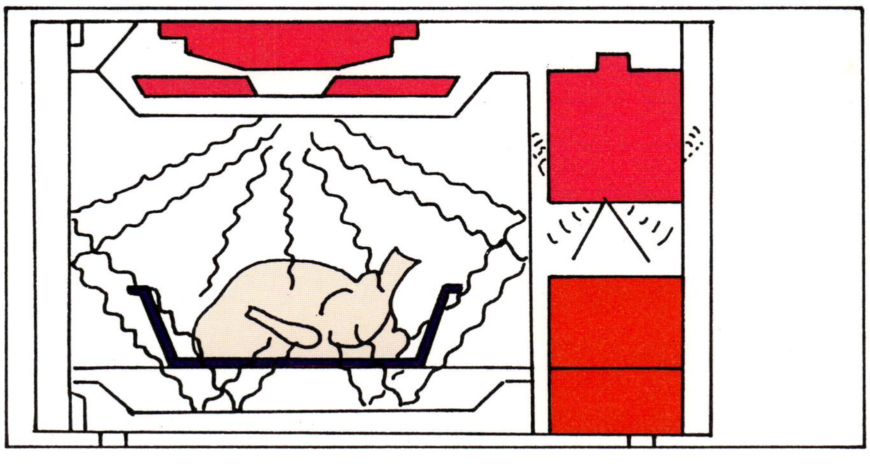

Il n'y a pas plus d'une dizaine d'années qu'on trouve des fours à micro-ondes sur le marché. C'est donc un appareil culinaire relativement récent, qui fait progressivement son entrée dans toutes les maisons. Son côté un peu magique (les aliments chauffent alors que les plats restent froids ou tièdes), son extrême rapidité (quelques minutes suffisent pour cuire certains aliments), le fait qu'il serve uniquement à réchauffer les plats dans les self-services en font un appareil insolite, parfois redouté, souvent mal connu, ou qui n'est pas apprécié à sa juste valeur. Pourtant, on peut (pratiquement) tout faire cuire au micro-ondes, et réaliser aussi bien de la cuisine simple que les plats les plus sophistiqués comme l'ont démontré nos chefs. Pour cela, il faut d'abord comprendre comment ça marche, savoir ce qu'il ne faut pas faire, et connaître les trucs, astuces et tours de mains qui feront de vous la championne du micro-ondes.

Comment ça marche ?

La chaleur permettant la cuisson résulte ici de l'action d'ondes électromagnétiques extrêmement courtes sur les molécules des aliments, en particulier celles de sucre, de graisse, mais surtout d'eau. Ces ondes oscillent à la vitesse fantastique de 2 milliards 450 millions de fois par seconde ! L'agitation des molécules sur lesquelles elles agissent entraîne un échauffement intense et très rapide de la masse de l'aliment, sur une profondeur ne dépassant pas toutefois 3,75 cm ; au-delà, la chaleur se propage par simple conduction thermique. Ces ondes sont évidemment parfaitement inoffensives, pourvu qu'elles s'expriment dans l'enceinte close du four. Elles n'entraînent évidemment aucune altération d'aucune sorte des aliments (contrairement aux rumeurs souvent entretenues d'une façon qui n'est pas innocente).

Comment c'est fait ?

Un four à micro-ondes comprend une cuve et une porte métallique vitrée et étanche. Son verrouillage est automatique et conditionne la mise en service du magnétron (autrement dit, il est impossible de faire fonctionner le four porte ouverte, ou lorsqu'elle est mal fermée. On trouve à l'intérieur un générateur d'ondes électromagnétiques, placé au milieu de la voûte du four, appelé magnétron ; celui-ci, accessible exclusivement aux techniciens, est alimenté en courant électrique du secteur (220 V). La diffusion des ondes est assurée par un brasseur d'ondes. La majorité des modèles disponibles en France est dotée d'un plateau tournant favorisant la répartition des ondes et donc la cuisson des aliments.

Les ondes ne sont arrêtées que par les matériaux opaques et réfléchissants, d'où l'utilisation (on le verra plus loin) de récipients transparents ou translucides, en verre ou en matière plastique (**1**).

Comment ça cuit ?

Les micro-ondes, on l'a vu, entraînent une élévation de température intense et fulgurante de la masse même de l'aliment, sur une profondeur limitée, à la différence d'une cuisson traditionnelle, où la chaleur gagne progressivement (et souvent lentement) de l'extérieur vers l'intérieur de l'aliment. Il en résulte des techniques de cuissons très différentes de celles auxquelles vous êtes habituée avec votre four traditionnel et l'utilisation d'ustensiles et de récipients spécifiques, dont vous ferez l'acquisition au fur et à mesure de vos besoins.

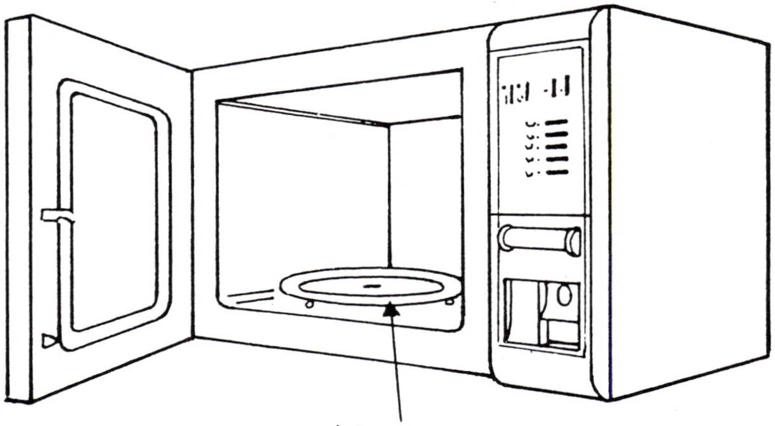

2

Utilisation	Temps maximum à programmer	Rythme d'affichage
Pleine puissance Cuisson et réchauffage	30 min	de 10 en 10 s
Cuisson des plats délicats	40 min	
Décongélation rapide de petites rations Cuisson et réchauffage	60 min	de 30 en 30 s
Décongélation en continu Maintien au chaud Réchauffage des plats délicats	70 min	
Maintien au chaud Réchauffage des plats délicats	90 min	de 1 en 1 min.

1

Le plateau tournant

Dans l'enceinte du four, les micro-ondes ne sont pas réparties de façon parfaitement homogène ; le plateau tournant (**2**) présente l'avantage d'assurer une cuisson plus régulière et plus harmonieuse. Dans un four sans plateau tournant, on fait subir une rotation manuelle au plat à mi-cuisson.

Lorsqu'on enfourne un plat dans un modèle à plateau tournant, il faut bien évidemment s'assurer que ce plat ne risque pas de bloquer le plateau (attention, en particulier, aux plats carrés ou rectangulaires). Si c'est le cas, il est très simple de démonter le plateau tournant et de se servir du four comme s'il n'en était pas équipé. Il faut évidemment dans ce cas enlever le dispositif de rotation situé sous le plateau en verre.

A faire et à ne pas faire

Pour bien se servir d'un micro-ondes et en tirer le meilleur parti, il faut connaître un certain nombre de règles simples, garantie de succès et de sécurité.

En règle générale, le papier d'aluminium est à proscrire ; non seulement il empêche la cuisson, mais en plus il risque d'endommager le four à micro-ondes.

On l'a vu, le four à micro-ondes ne chauffe pas les aliments par convection (par l'intermédiaire de l'air), mais en agissant sur la matière même des denrées, soumises en quelque sorte à un véritable bombardement d'ondes ultra-courtes. Elles pénètrent jusqu'à la structure moléculaire de la matière, en la soumettant à une vibration responsable de l'élévation de température, elle-même à l'origine de la cuisson. Brassées à la sortie du magnétron, ces ondes se réfléchissent sur les parois de la cuve pour atteindre l'aliment.

Pas de vaisselle en métal !

Tout matériau réfléchissant renvoie les ondes et les empêche de pénétrer dans l'aliment. Le métal, et en particulier celui poli, ou l'inox, de plats de service réfléchit les ondes et les renvoie vers les parois du four entraînant une élévation de température qui peut détériorer l'appareil. Par ailleurs, en ne pénétrant pas dans l'aliment les ondes ne peuvent évidemment le cuire. On ne doit donc faire entrer aucun plat métallique dans un four à micro-ondes, ainsi que tout accessoire tel que les couverts. On fera donc la chasse aux casseroles, moules métalliques et autres barquettes en aluminium qui n'ont pas le droit d'entrer dans un micro-ondes. C'est pour la même raison qu'il faut proscrire le papier aluminium (à l'exception d'une quantité minime pour protéger certaines parties de l'aliment, comme l'extrémité des os de cuisse de poulet).

On fera même la chasse aux assiettes et plats comportant des décors métalliques qui sont à l'origine de gerbes d'étincelles sans danger mais inutiles. Veillez aussi à ne pas laisser de couverts dans les plats et assiettes.

1

2

3

4

Les matériaux translucides

Faïence et porcelaine vont sans problème au micro-ondes, leur faible épaisseur et leur caractère relativement translucide ne faisant que peu obstacle à la progression des ondes. Il en est de même pour les récipients en Arcopal qui, de plus, résistent bien à l'élévation de température par convection.

Les matériaux absorbants

D'autres matériaux, comme les plats (**1**) et bols en terre (**3**) non vernis, opaques, absorbent une grande partie des micro-ondes et entravent leur progression vers l'aliment. Sans véritable risque pour le matériel, ce genre de récipient ne permet pas de tirer tout le parti possible des ondes. Dans certains cas, cependant, ils peuvent être choisis à dessein, pour ralentir le processus de cuisson. Il faut savoir qu'une partie de l'énergie est transmise au matériau même du récipient ; celui-ci est donc également chauffé : attention de ne pas se brûler !

Vive le verre !

Le verre (**4**) constitue le matériau idéal à la pénétration totale des ondes, qu'il laisse passer exactement comme une vitre laisse passer les rayons du soleil.

Outre cet avantage majeur, le verre se lave facilement (y compris au lave-vaisselle) et surtout il accepte les variations importantes de température (surtout dans ses versions allant au feu) ; on peut donc placer ce genre de récipient aussi bien au congélateur qu'au four à micro-ondes (où il peut subir une élévation de température par conduction avec les aliments chauffés par les ondes).

Plastiques ? Oui mais...

En théorie, tout plastique suffisamment translucide laisse passer les ondes sans chauffer, et peut donc convenir ; reste la conduction de la chaleur de l'aliment lui-même qui oblige à n'utiliser que des matières plastiques supportant un minimum de chaleur (fixé en général à 120 °C).

Les barquettes dans lesquelles sont présentés souvent les aliments en supermarchés (surtout celles en polystyrène) ne peuvent donc aller au micro-ondes pour la cuisson.

Le plastique est en revanche largement utilisé pour fournir des couvercles translucides aux récipients en verre.

Le film

Si la couverture de bien des plats s'effectue par couvercle, en verre ou en matière plastique, il est souvent bien commode de recourir au film transparent (**2**), peu onéreux, et assurant une protection parfaite des aliments. Percé d'un ou plusieurs trous, il permet en outre d'assurer une certaine évaporation, à la différence des couvercles qui procurent une couverture totalement étanche, qui ne convient pas toujours.

Choisir un micro-ondes

Pour faire son choix, il faut connaître un certain nombre de critères simples qui vous permettront de ne pas vous tromper.

La puissance

Lorsqu'on parle ici de puissance, il faut distinguer celle absorbée (la consommation de l'appareil), et celle restituée (la capacité de cuisson de l'appareil). Il existe aujourd'hui des appareils offrant une puissance restituée de 500 W, 650 W et 750 W. Plus la puissance est élevée et plus le four est performant. Les fours les plus perfectionnés disposent d'un réglage de puissance exprimé en pourcentages (par exemple 15 %, 25 %, 50 %, 75 % et 100 %). Tous sont dotés d'un minuteur.

Le développement de l'électronique dans les domaines du réglage, de la commande et de la programmation ne pouvait ignorer le micro-ondes. D'où l'équipement de dispositifs de programmation de plus en plus sophistiqués sur les modèles haut de gamme, faisant appel, en particulier, à un affichage digital des données.

Cuve et porte

La cuve d'un micro-ondes est généralement dépourvue d'accessoires, d'où une grande facilité de nettoyage. En fait, en raison de l'absence de projections (sauf parfois avec le plat brunisseur ou le grill), la cuve se salit peu et ne demande qu'un simple coup d'éponge occasionnel (ce n'est évidemment pas le cas avec un four mixte). On trouve (par ordre de prix) des fours à cuve inox, d'autres à intérieur métallique peint, enfin des cuves en matière plastique.

La porte des matériels professionnels est souvent abattante, mais celle des matériels grand public s'ouvre presque toujours latéralement. Lors de l'achat soyez attentif à la qualité de la fermeture, à la commodité d'ouverture et à la clarté de la vitre lors du fonctionnement (elle dépend aussi largement de l'éclairage intérieur). Le verrouillage doit assurer une fermeture hermétique de la porte et conditionner la mise en marche du four (il ne doit jamais pouvoir fonctionner porte ouverte). Tout matériel ne remplissant pas cette condition sera impitoyablement écarté de votre choix.

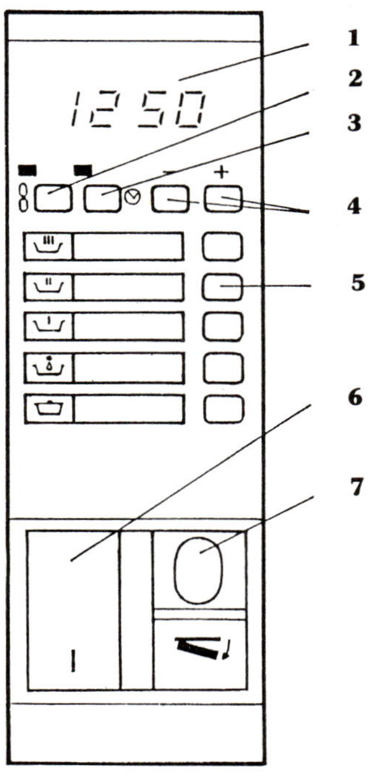

TABLEAU DE COMMANDE D'UN FOUR A MICRO-ONDES (Moulinex)

1. Affichage de l'heure et du temps de fonctionnement ; 2. Touche minuterie ; 3. Touche horloge ; 4. Touche de modification de l'affichage ; 5. Touches de sélection des puissances ; 6. Touche de mise en marche ; 7. Curseur d'ouverture de porte.

Pour une sécurité parfaite, ne retenez que des fours bénéficiant de la norme NF73601 garantissant qualité et sécurité.

Les fours mixtes

Depuis quelques temps, on voit apparaître sur le marché des fours mixtes alliant les fonctions traditionnelles (grill, convection, chaleur tournante ou pulsée) à celle du micro-ondes. Le fait de réunir dans un même matériel des techniques très différentes, pour ne pas dire contradictoires, n'est pas toujours considéré par tous comme une solution idéale. Il faut noter aussi que le prix de tels matériels est, actuellement, pratiquement le double de celui d'un four à micro-ondes sophistiqué de grande capacité. En revanche, la possibilité d'intégrer une simple rampe de grill dans un micro-ondes, pour colorer ou gratiner en fin de cuisson, semble intéressante.

La capacité

A l'origine simple réchauffe-plats, le four à micro-ondes n'offrait souvent qu'une faible capacité, limitée le plus souvent à la taille d'une assiette de service. D'un encombrement très faible, les petits modèles offrent une contenance inférieure à 20 litres (associée généralement à des commandes sommaires) pour une puissance de l'ordre de 500 W ; il s'agit davantage de « décongélateurs » et de réchauffe-plats que de véritables appareils de cuisson.

Les fours de contenance supérieure (de 20 à 40 litres), d'une puissance de 600 à 750 W, bénéficient de performances meilleures liées tout à la fois à un potentiel supérieur et à une meilleure répartition des ondes.

Utilisation et entretien

Les quelques règles simples qui vous permettront de faire de la bonne cuisine tout en conservant votre four en parfait état.

A priori, rien de plus simple que de faire fonctionner un micro-ondes : il suffit de fermer correctement la porte, de déterminer la puissance et le temps de cuisson, et d'appuyer sur un bouton. Il est pourtant un certain nombre de questions simples auxquelles il faut pouvoir répondre.

Peut-on ouvrir la porte en cours de cuisson ?

En principe oui, l'ouverture de la porte interrompant automatiquement le fonctionnement du magnétron et donc l'émission de micro-ondes. Cette ouverture peut se révéler nécessaire, en particulier pour suivre la cuisson des aliments et adapter les temps fournis dans les recettes aux performances de votre four.

La programmation est-elle interrompue par l'ouverture de la porte ?

En principe non. Il suffit généralement de refermer la porte pour que la cuisson reprenne normalement, pour ainsi dire là où vous l'avez laissée. Reportez-vous cependant à la notice technique de votre four, car la minuterie, si elle n'est pas électronique, ne s'arrête peut-être pas avec l'ouverture de la porte. De plus, sur certains modèles, la programmation se trouve annulée avec l'interruption de fonctionnement du magnétron.

Que se passe-t-il après la sonnerie de fin de cuisson ?

Là encore tout dépend des matériels : certains (les plus simples) s'arrêtent purement et simplement ; d'autres se mettent automatiquement en position de maintien du chaud, correspondant généralement à une utilisation à 10 % de la puissance. N'oubliez pas qu'en dépit de la faiblesse de la cuisson celle-ci se poursuit. Ne laissez pas votre plat trop longtemps après la fin de cuisson normale.

Le nettoyage

Utilisé normalement, un four à micro-ondes se salit peu du fait de l'absence de projections pendant la cuisson. Le nettoyage est donc très réduit, et se limite à un coup d'éponge non abrasive avec un produit pour laver la vaisselle. N'utilisez jamais d'éponge abrasive pour nettoyer l'intérieur de la vitre de la porte ; vous risqueriez d'endommager la protection imprimée sur celle-ci. Ne cherchez évidemment jamais à la démonter (comme vous le faites peut-être pour la porte de votre rôtissoire).

Peut-on programmer plusieurs puissances d'affilée ?

C'est ce qu'on appelle la programmation " enchaînée ". Elle n'est possible qu'avec les modèles dotés d'un programmateur électronique sophistiqué. Tous les modèles n'en sont pas dotés ; il faut donc là encore se référer à la notice. Il est indispensable de choisir un modèle doté de ce type de programmateur si l'on achète un four mixte. C'est la condition essentielle pour utiliser à plein les possibilités de ce type de four au demeurant toujours beaucoup plus cher qu'un modèle classique.

SI VOTRE FOUR VOUS POSE UN PROBLÈME...

Répétons encore une fois qu'il est indispensable de confier votre appareil à un technicien pour toute réparation.

La lampe intérieure ne s'allume pas.
Si l'appareil fonctionne par ailleurs normalement (le plateau tourne, les aliments chauffent), c'est simplement la lampe qui est grillée ; elle est généralement protégée par une vitre. Vous ne pouvez pas la changer vous-même ; faites appel à un technicien.

L'aliment ne chauffe pas.

- L'aliment n'est-il pas enveloppé dans un papier aluminium ? Si oui, retirez-le.
- Le plat ou le récipient où est placé l'aliment ne sont-ils pas trop absorbants ? Faites le test de l'eau. Changez éventuellement de plat ou de récipient.
- La ventilation se fait-elle normalement ? Assurez-vous que les ouïes ne sont pas obstruées.
- Votre appareil est-il doté d'un disjoncteur thermique ? Si c'est le cas, une surchauffe occasionnée par une absorption trop importante de chaleur par l'aliment ou le plat coupe automatiquement le fonctionnement du four. Attendez quelques minutes ; le four se remettra en marche tout seul ou lorsque vous appuierez de nouveau sur le bouton de mise en marche.

La porte ferme mal. Normalement, le four ne peut fonctionner. Portez-le immédiatement chez le technicien.

Ustensiles et accessoires

A méthode de cuisson particulière, matériel spécifique.
Pour bien travailler, il faut de bons outils !
Voici quelques conseils à retenir pour réussir.

On a vu que tous les matériaux ne pouvaient aller au micro-ondes ; de plus certains conviennent mieux que d'autres à ce four très particulier aux performances étonnantes. Les fabricants ont développé des " lignes " de produits spécifiques ; on y reviendra dans un certain nombre de fiches spécifiques qui déclineront les différentes " batteries " de récipients, plats et accessoires actuellement disponibles. Cette fiche constitue une approche de ces différents matériels.

Le film

Vous devez avoir sous la main du film transparent, accessoire essentiel pour couvrir les aliments que l'on veut cuire à l'étouffée, sans pour autant les couvrir d'un couvercle. Prenez du film étirable de bonne qualité, pas trop mince, que vous percerez pour assurer un dégagement limité de la vapeur.

Les sacs

Le plastique transparent est également utilisé pour la fabrication de sacs spéciaux destinés à la cuisson de certains aliments. On trouve ainsi des sacs pour cuire les légumes, mais aussi des sacs dits " brunisseurs ", utilisés en particulier pour la cuisson des poulets.

Le papier sulfurisé

A ne pas confondre avec le papier " paraffiné " à proscrire dans un micro-ondes, car il risque de fondre sous l'effet de la conduction de chaleur des aliments. Le papier sulfurisé sert à réaliser les papillottes, qui ne doivent jamais être faites avec du papier aluminium.

Le papier absorbant

Il convient tout particulièrement pour la décongélation et l'absorption de l'humidité pouvant en découler, ainsi que pour recueillir la graisse d'aliments très gras (poitrine, lard, etc...). Ne prenez pas un simple papier essuie-mains mais un véritable papier absorbant de bonne épaisseur.

Le plat brunisseur

C'est l'accessoire indispensable, qui permet de colorer les viandes. Comme on le sait, les micro-ondes agissent sur la matière même de l'aliment. Elles ne peuvent donc assurer la coloration de surface, résultat conjugué de la convection et du rayonne-

MATÉRIAU ABSORBANT OU PAS ?

Comment savoir si le matériau composant un plat ou un récipient absorbe ou non les micro-ondes ? Tout simplement en le remplissant d'eau et en le plaçant une minute ou deux dans le four à pleine puissance. Si, lorsque l'eau entre en ébullition, le récipient est froid, c'est qu'il laisse passer librement les ondes ; au contraire, s'il est chaud c'est qu'il absorbe une partie de celles-ci ; il faudra en tenir compte en allongeant le temps de cuisson.

ment dans un four traditionnel. Ce type de plat comporte un fond chargé de ferrite, qui accumule la chaleur sous l'effet des micro-ondes. On le place donc quelques minutes (pas plus de 5) dans le four pour le porter à température, et l'on place dessus les aliments à dorer (pièces de viandes en particulier) qui, à son contact, se trouvent brunis. Il ne faut cependant jamais espérer obtenir une coloration équivalente à celle d'un rissolage classique ou de l'exposition à une rampe de grill (d'où l'intérêt d'un four à micro-ondes intégrant cette fonction). Il existe de nombreux types de plats brunisseurs (on trouve également des cocottes de ce type).

Les plats " vapeur "

Il s'agit en fait de récipients classiques (cocotte, plat à bord haut, etc.) intégrant des accessoires tels que grilles et séparateurs permettant une cuisson sans contact avec l'eau et une séparation des ingrédients (ce qui, entre autres, préserve la couleur des légumes).

Les matériaux de synthèse

On sait que le verre constitue le matériau idéal dans un micro-ondes. Plusieurs fabricants ont développé des gammes de produits en matériaux synthétiques entrant globalement dans la catégorie des plastiques. Ces ustensiles sont légers, bien adaptés à la forme du four et à sa contenance (le plus souvent limitée). Ils sont aussi souvent plus chers que des plats en verre.

Pour bien s'en servir

Un micro-ondes ça ne sert pas qu'à réchauffer ! Vous n'allez pas tarder à vous en rendre compte.

Contrairement à une idée reçue, le micro-ondes est un appareil de cuisson très polyvalent, d'une grande souplesse d'utilisation.

Décongeler

C'est la fonction qui a fait connaître le micro-ondes en même temps qu'elle en a limité (à tort) la réputation.
La four à micro-ondes permet en effet de décongeler les aliments en un temps record, leur conservant ainsi toute leur saveur en assurant un retour à la température ambiante dans des conditions optimales d'hygiène. Il faut en effet savoir qu'une lente élévation de cette température se traduit aussi par une prolifération bactérienne qui, sans être dangereuse, n'en est pas moins sensible. Tout risque est écarté avec une décongélation au four à micro-ondes.

Ne pas être trop pressé

La quasi-totalité des fours disponibles actuellement sur le marché disposent d'une position de décongélation symbolisée par une étoile et une goutte au-dessus d'une marmite (**1**). Il faut évidemment s'en servir et ne pas recourir, sauf pour les légumes et certains plats surgelés comme quiches et pizzas, à la puissance maxi dans l'espoir d'aller plus vite. La position "décongélation" détermine un fonctionnement séquentiel (un temps de fonctionnement, un temps d'arrêt) qui tient compte de la nécessité d'agir sur les parties glacées par conduction de la chaleur et non par action des ondes (celles-ci étant inopérantes sur la glace). La puissance correspondante est généralement de 25 %, d'où un allongement du temps de décongélation. C'est à ce prix qu'on retrouvera toute la qualité de produits frais, propre aux aliments congelés dans de bonnes conditions et décongelés de façon satisfaisante.
Est-il nécessaire de rappeler qu'il ne faut jamais recongeler un produit cru antérieurement congelé. Attention à la rupture de la "chaîne du froid" qui se produit lorsque vous achetez des surgelés que vous ne pouvez placer dans un contenant isotherme entre l'instant de l'achat et celui où vous pouvez le replacer dans votre congélateur. L'attente souvent prolongée aux caisses des supermarchés est en la matière préjudiciable à la conservation de ces produits. Le tableau page 10 fournit les informations nécessaires à la décongélation des principaux aliments. Les poids indiqués correspondent aux présentations classiques sous lesquelles vous les achetez généralement dans le commerce.

1

CONSEILS ESSENTIELS

ATTENTION A LA TEMPÉRATURE DES ALIMENTS

Les micro-ondes agissent sur la matière ; un aliment peut être très chaud alors que son contenant reste froid. Attention en particulier aux biberons, petits pots pour bébés qui, en verre, peuvent apparaître froids alors que l'aliment est peut-être brûlant.

NE FAITES PAS FONCTIONNER A VIDE

Il doit toujours y avoir des aliments dans le four ; un fonctionnement à vide provoque une élévation de température (les micro-ondes rebondissent sans être absorbées) qui risque d'endommager le four.

AUCUN OBJET NE DOIT TOUCHER LA VITRE A L'INTÉRIEUR

La porte doit pouvoir se fermer très librement ; veillez en particulier à ce qu'aucun ustensile métallique (couvert par exemple) ne se trouve à l'intérieur et ne touche la vitre.

NE CHERCHEZ JAMAIS A INTERVENIR VOUS-MÊME EN CAS DE PANNE

N'ouvrez jamais la carcasse du four, même si vous vous considérez comme un bon bricoleur. Seuls les techniciens de la marque doivent intervenir ; y compris pour remplacer l'ampoule d'éclairage du four.

Décongélation (jusqu'à 4 °C) Programmes 25 % 50 %

POISSONS-CRUSTACÉS	Quantité	Puissance	Temps	Observations
Poisson entier : truite	1 (250 g)	50 %	3 mn 30	Retournez à mi-décongélation
Filets de cabillaud (en bloc)	400 g	25 %	10 à 11 mn	Séparez les filets dès que possible. Laissez reposer.
Tranches de poisson	100 g	25 %	3 mn	
Crevettes	200 g	50 %	2 à 3 mn	Secouez le plat
VIANDES				
Bœuf				
Rôti	1 kg	25 %	25 à 30 mn	Retournez à mi-décongélation. Laissez reposer.
Entrecôtes	4 (x 120 g)	25 %	10 mn	Laissez reposer.
Viande en morceaux	600 g	25 %	8 à 10 mn	
Steak haché	2 (x 100 g)	25 %	5 à 6 mn	Laissez reposer.
Veau - Porc				
Côtes	450 g	25 %	8 à 10 mn	Laissez reposer.
Rôti	800 g	25 %	25 mn	Laissez reposer.
Agneau				
Gigot	1,5 kg	25 %	30 à 35 mn	Laissez reposer en fin de décongélation.
Volailles				
Poulet entier	1 kg	25 %	20 à 22 mn	Retournez à mi-décongélation. Laissez reposer.
Cuisses	2 (500 g)	25 %	8 à 9 mn	
FRUITS				
Fraises	500 g	25 %	8 mn	Secouez le récipient.
Framboises	300 g	25 %	4 mn	

Décongélation - cuisson Programme 100 %

LÉGUMES				
Carottes	450 g	100 %	12 à 14 mn	Dans un plat couvert.
Chou-fleur	400 g	100 %	10 à 12 mn	Dans un plat couvert.
Epinards	450 g	100 %	10 à 12 mn	Dans un plat couvert.
Haricots verts	500 g	100 %	12 mn	Remuez en cours de cuisson.
Jardinière	450 g	100 %	10 à 12 mn	Remuez en cours de cuisson.
Petits pois	450 g	100 %	8 à 10 mn	Remuez en cours de cuisson.

Remise en température de plats surgelés (ou congelés) Programmes 100 % 25 %

Plats cuisinés Viande ou poisson	400 à 500 g	100 %	12 mn	Transvasez la préparation dans un plat Pyrex couvert. Remuez en cours d'opération.
Quiche	4 individuelles	100 %	5 mn	Placez sur le plat brunisseur chauffé pour éviter le ramollissement de la pâte.
Pizza	∅ 22 cm	100 %	4 mn	Idem.
Brioches	4	25 %	4 mn 30	Sur une serviette en papier.
Croissants	4	25 %	4 mn	Idem.

Les temps indiqués dans le tableau le sont à titre indicatif. Ils seront fonction de la qualité, du volume, de la présentation des aliments.

D'après documentation Moulinex

Aujourd'hui, un micro-ondes ça ne sert pas qu'à décongeler. On peut pratiquement tout cuire avec, à commencer par les viandes les plus diverses.

Cuire les viandes

S'il est difficile (mais pas irréalisable) de cuire un steak au micro-ondes, ce type de four se prête en général très bien à la cuisson de toutes les viandes normalement cuisinées au four traditionnel. Le mijotage est un peu plus délicat, mais grâce aux conseils de nos chefs et avec un peu de pratique, vous réaliserez sans problème des plats tels que le coq au vin, estouffade provençale, etc.

Saisir la viande

C'est en principe une phase impossible à réaliser avec un four à micro-ondes. D'où l'intérêt du plat brunisseur dont le rôle n'est donc pas seulement de colorer mais aussi de commencer une cuisson par un apport brutal de chaleur par conduction.

Cuire harmonieusement

Les micro-ondes, on l'a vu, n'agissent que sur une profondeur limitée (à peine plus de 3 cm). Au-delà, la cuisson s'effectue par conduction. Il faut en tenir compte lors d'une cuisson. On s'efforcera de choisir quand c'est possible des pièces pas trop épaisses, et dans tous les cas, de forme aussi régulière que possible. Les morceaux importants (rôtis, gigots, etc.) gagneront à être retournés en cours de cuisson. Eliminez l'excédent de jus en cette occasion. Remuez de temps en temps en cours de cuisson les morceaux lorsque la viande est découpée de la sorte.

L'usage du grill

L'incorporation d'un grill dans les micro-ondes réduit l'inconvénient du manque de coloration lié à ce mode de cuisson. Il faut cependant noter qu'un tel grill ne saurait avoir la puissance d'un grill de rôtissoire ou de four traditionnel. On l'utilisera en complément du plat brunisseur ou pour réaliser les gratins après cuisson au micro-ondes. N'oubliez pas qu'il existe des "trucs" simples pour colorer un plat : jaune d'œuf avant passage sous le grill, badigeonnage de jus d'oignon roussi, etc...

La sauce

Tenez compte du fait qu'au micro-ondes, la réduction d'une sauce ne se fait pas en même temps que la cuisson. Il faut donc soit prévoir environ moitié moins de liquide, soit faire réduire séparément avant de servir.

Laisser reposer

Tous les bons cuisiniers savent qu'il faut laisser reposer la viande quelques minutes avant de la servir. Ce qui est vrai en cuisine traditionnelle l'est encore plus avec un micro-ondes, qui agit sur la structure même de la viande. Laisser reposer une viande ainsi cuite pendant 5 minutes constitue souvent la condition indispensable pour retrouver son moelleux et sa tendresse. Pour conserver la chaleur on couvrira la viande pendant ce temps de repos.

BŒUF

	QUANTITÉ	CUISSON
Bavette	2 portions 260 g - 1,2 cm d'épaisseur	1er côté = 30 sec. 2e côté = 45 sec.
Côte de bœuf	940 g	1er côté = 3 à 4 mn 2e côté = 3 mn
Entrecôte	375 g - 1 cm d'épaisseur	1er côté = 40 sec. 2e côté = 30 sec.
Rôti	1 kg	9 à 10 mn

	QUANTITÉ	CUISSON
Rumsteck (rôti)	800 g	7 à 9 mm
Steak haché	2 parts 330 g - 2 cm d'épaisseur	1 mn 30
Tournedos	2 = 280 g	1er côté = juste coloré 2e côté = 1 mn

D'après documentation Moulinex

VEAU

	QUANTITÉ	CUISSON
Escalopes	2 = 280 g	1er côté = 1 mn 30 2e côté = 1 mn
Rôti	850 g	18 à 20 mn
Côtes	2 = 340 g	2 mn 30 à 3 mn

AGNEAU

	QUANTITÉ	CUISSON
Côtelettes	2 = 200 g	1 mn
Selle désossée	680 g	11 à 12 mn

VOLAILLES

	QUANTITÉ	CUISSON
Canette	1 kg	15 à 17 mn Laissez cuire un peu plus longtemps suivant le goût
Pintade	1 kg	14 à 16 mn
Poulet	1 kg	15 à 16 mn

PORC

	QUANTITÉ	CUISSON
Côtes	2 = 250 g	2 mn
Filets mignons	2 = 700 g	6 à 7 mn
Rôti	1 kg 300	25 mn

VOLAILLES

	QUANTITÉ	CUISSON
Poulet	2 morceaux	Ailes = 5 mn Cuisses = 7 mn
Lapin	1 kg 200 en morceaux	12 mn
Dinde	2 escalopes	1 mn 45
Canard	2 magrets (600 g)	4 mn

CHARCUTERIES - ABATS

	QUANTITÉ	CUISSON
Andouillettes	2	3 à 4 mn
Boudin noir	4 parts	3 à 4 mn
Chipolatas	4	3 à 4 mn

D'après documentation Moulinex

Pas de viande sans légumes ! Le four à micro-ondes est idéal pour ce type de cuisson

Cuire les légumes

Grâce au micro-ondes, les légumes conservent leur couleur, leur saveur et leur fraîcheur, sans rien perdre de leurs qualités nutritives. La forte proportion d'eau qu'ils contiennent favorise une cuisson rapide et saine.

Attention à la vapeur !

L'eau contenue dans les légumes se transforme rapidement en vapeur, d'où le risque de voir se dessécher les légumes si on les laisse cuire trop longtemps. Dans presque tous les cas, la cuisson s'effectue à couvert, avec film percé ou couvercle. On fait généralement suer ou cuire dans un peu d'eau ou de bouillon et dans du beurre. L'accumulation de vapeur dans le récipient doit inciter à la prudence lorsqu'on lève le couvercle ou quand on retire le film (**1**).

1

Les temps de cuisson

Ils dépendent évidemment de la taille, de la fraîcheur, mais surtout de la teneur en eau des légumes (plus ils contiennent d'eau et plus ils cuisent vite). Ce temps va de quelques minutes à une dizaine de minutes ; rarement plus (voir tableau ci-joint).

Une cuisson homogène

Même si vous disposez d'un plateau tournant, il est préférable de remuer de temps en temps (**2**) pour assurer une bonne répartition de la cuisson. On conseille aussi de piquer les légumes, surtout lorsqu'ils sont cuits entiers sans épluchage (courgettes, par exemple).

Notez que les pommes de terre cuisent plus vite entières que coupées, dans leur peau qu'épluchées.

Dorés et gratinés

Le brunissage des légumes passe par l'utilisation du plat brunisseur. On s'en servira en particulier pour faire rissoler des pommes de terre. Le plat doit être mis à chauffer pendant 4 à 5 minutes (ne dépassez pas la limite indiquée généralement sur l'emballage du plat) avant d'y placer les légumes. Le four à micro-ondes ne permet pas de gratiner, d'où la présence sur certains modèles haut de gamme d'une rampe de grill. A défaut, vous pouvez saupoudrer le plat de gruyère râpé en fin de cuisson, le laisser fondre au micro-ondes, et passer le plat quelques minutes à la rôtissoire ou dans votre four traditionnel pour obtenir un gratin bien coloré.

POUR UN GRATIN BIEN DORÉ

On sait la nécessité de passer les plats sous la rampe d'un grill pour obtenir un vrai gratin. Afin qu'il soit le mieux doré possible, nappez les légumes de béchamel ou de crème, auxquelles vous aurez incorporé un jaune d'œuf. Saupoudrez de gruyère râpé, puis passez sous la rampe pendant 5 à 6 minutes. Vous obtiendrez ainsi une superbe coloration.

2

	QUANTITÉ	CUISSON
ARTICHAUTS	2 = 500 g	6 mn
ASPERGES	500 g	9 à 11 mn
AUBERGINES	3 entières = 900 g	10 mn
BLETTES COTES	400 g	6 à 7 mn
CAROTTES	400 g	8 mn
CÉLERI-RAVE	400 g	8 mn
CHAMPIGNONS	200 g	2 mn 30 à 3 mn
CHOU	450 g	10 à 12 mn
CHOU-FLEUR	500 g	8 à 10 mn
COURGETTES	400 g	5 mn
ENDIVES	400 g	8 à 9 mn

	QUANTITÉ	CUISSON
ÉPINARDS	500 g	5 à 6 mn
FENOUIL	250 g	5 à 6 mn
HARICOTS VERTS	400 g	12 à 14 mn
NAVETS	400 g	6 à 8 mn
OIGNONS nouveaux	120 g	2 mn
PETITS POIS	600 g	10 à 12 mn
POIS GOURMANDS	400 g	7 à 8 mn
POIREAUX	300 g	5 à 6 mn
POIVRONS	500 g	6 à 8 mn
POMMES DE TERRE	400 g (5)	6 mn
TOMATES	475 g	3 à 4 mn

Cuire le riz et les pâtes

Ce n'est pas avec ces ingrédients que le micro-ondes fait gagner le plus de temps à la cuisson, riz et pâtes cuisant rapidement avec la méthode traditionnelle. En revanche, le micro-ondes est très efficace pour leur réchauffage et permet de leur conserver un moëlleux et une saveur tout à fait exceptionnels. En procédant de la sorte, vous n'aurez pas besoin d'apport de matière grasse pour les remettre à température. Aucun risque de voir les pâtes ou le riz coller.

La cuisson des pâtes se fait dans de l'eau salée dans laquelle on verse 2 cuillerées à soupe d'huile. La cuisson ne demande pas plus de 5 minutes auxquelles il faut ajouter un temps équivalent de repos avant de servir. Il faut remuer en cours de cuisson.

Le riz doit être recouvert par une quantité d'eau égale à deux fois son volume. L'eau est également salée et l'on y ajoute 1 cuillerée à soupe d'huile.

	QUANTITÉ	CUISSON
PATES (coquillettes)	150 g	5 mn Repos 5 mn
RIZ	200 g	10 mn

Grâce au four à micro-ondes, les produits de la mer conservent toute la saveur du large

1

2

Cuire le poisson et les coquillages

Le micro-ondes permet de cuire parfaitement le poisson en un minimum de temps, le plus souvent dans un plat avec couverture de film (**1**), il reste bien moelleux, et cuit de façon très homogène, conservant toute sa saveur et toute sa fraîcheur. Sa chair reste ferme et ne se "défait pas" comme c'est souvent le cas avec un autre mode de cuisson.
Les filets (**2**) et les darnes cuisent mieux que les poissons entiers.

Une cuisson très naturelle

Il est possible de cuire les poissons sans aucune matière grasse, simplement dans un plat avec quelques épices et aromates, chose pratiquement impossible avec une autre technique.
Pour une cuisson meunière, le plat à brunir, préalablement chauffé dans le four à micro-ondes, se révèle nécessaire. Là encore, la cuisson s'effectuera avec un minimum de matière grasse.
Le four à micro-ondes, on le sait, ne permet pas de griller les aliments. Certains poissons se prêtent pourtant admirablement à cette technique. Pour obtenir ce résultat, retournez le poisson sur un grill normal, et achevez la cuisson au micro-ondes ; vous mettrez ainsi encore plus sa saveur en relief.

Une cuisson express

Plus encore qu'avec d'autres aliments, le micro-ondes permet ici de gagner de précieuses minutes. Dans certains cas, en particulier avec les coquillages (**3**), quelques secondes suffisent pour assurer une cuisson convenable. Ne la prolongez pas ; le seul résultat serait de durcir les chairs et de les rendre caoutchouteuses.

Attention : cuisson différée !

Tout aliment continue de cuire pendant quelques minutes après avoir été sorti du four à micro-ondes. Il est particulièrement important de tenir compte de ce phénomène avec les aliments qui cuisent très rapidement comme le poisson et les coquillages. Il vaut mieux raccourcir un temps de cuisson et repasser l'aliment au four s'il est insuffisamment cuit.

3

	QUANTITÉ	CUISSON
CABILLAUD	2 darnes 400 g	1er côté : 2 mn 2e côté : 2 mn
DAURADE	1 entière 550 g	1er côté : 3 mn 2e côté : 3 mn
LOTTE	2 morceaux 320 g	1er côté : 2 mn 2e côté : 2 mn
MAQUEREAU	2 entiers 650 g	7 mn
MERLAN	2 filets 260 g	1er côté : 1 mn 2e côté : 1 mn
MERLAN	1 entier 250 g	1er côté : 1 mn 30 2e côté : 1 mn
RAIE	330 g	1er côté : 3 mn 2e côté : 2 mn

	QUANTITÉ	CUISSON
ROUGET	1 entier 450 g	1er côté : 2 mn 2e côté : 40 s
SAINT-PIERRE	850 g en filets (sans peau) 300 g	1er côté : 1 mn 30 2e côté : 2 mn
SAUMON	4 morceaux 360 g épais. 2,5 cm	1er côté : 45 s à 1 mn 2e côté : 45 s
SOLE	1 (200 g)	1er côté : 1 mn 30 2e côté : 1 mn
THON	1 tranche 800 g épais. 2 cm	5 mn
TRUITE	2 (500 g)	4 mn 40
CREVETTES	200 g	2 mn 45
LANGOUSTINES	8 décortiquées 120 g	1 mn 20
MOULES	400 g	3 mn 30

(Document d'après Moulinex)

Ouvrir les huîtres... au micro-ondes

Il suffit de placer des huîtres (ou n'importe quel autre coquillage) dans le four à micro-ondes pendant quelques dizaines de secondes pour les voir s'ouvrir toutes seules. Cette technique est évidemment surtout conseillée pour l'ouverture de coquillages destinés à la cuisson, les micro-ondes, même à faible dose, commençant toujours à cuire la chair du coquillage. Tenez compte de ce temps de pré-cuisson dans votre temps total de cuisson.

La réalisation de desserts au four à micro-ondes fait principalement appel à deux types de cuisson : celle des fruits et celle des pâtes en général

Cuire les fruits

Les fruits cuisent parfaitement au micro-ondes, et conservent même une fraîcheur et une saveur tout à fait exceptionnelles. Les couleurs restent très naturelles et proches de celles des fruits crus. Leur cuisson est ultra-rapide, quelques minutes suffisant dans la plupart des cas. Il est en principe préférable de les peler et de les couper en morceaux, en quartiers ou en tronçons. Les fruits à peau épaisse, comme les bananes, seront piqués avant cuisson, de façon à permettre l'évaporation résultant de l'élévation de température de la chair du fruit.
Le micro-ondes est idéal pour réaliser les gratins de fruits frais (**1**) et les coulis (**2**).
Notez que les confitures obtenues au micro-ondes se conservent moins longtemps que celles obtenues par la méthode traditionnelle (**3**).

Le problème des œufs

Toutes les cuisinières, même les plus novices, savent que les œufs entrent dans la composition de nombreux desserts et entremets. Or les œufs, du fait de leur structure, posent ici une série de problèmes.
Il est, tout d'abord, impossible de cuire un œuf dans sa coquille, le micro-ondes le faisant littéralement exploser (du fait de l'expansion de l'air contenu entre le blanc et la coquille, sous l'effet de la chaleur). Il est par ailleurs difficile de réaliser des soufflés, les blancs montant trop rapidement, et s'écroulant dès la sortie du four. Une solution consiste à mélanger à la main jaunes et blancs, sans les fouetter, pour ne pas incorporer trop d'air à l'appareil. Cette règle vaut pour toute recette comprenant des œufs. Dans tous les cas, le réglage de puissance doit être inférieur à 50 % (**4**).

1

La cuisson des gâteaux

Vous pouvez réaliser au micro-ondes toutes sortes de gâteaux. Quelle que soit la recette, on utilise en général moins de farine. Il faut être très attentif aux quantités indiquées dans les recettes, notamment pour les petits gâteaux, car la cuisson en est extrêmement rapide. Pour les gâteaux plus gros, vous testerez le degré de cuisson en enfonçant une lame de couteau dans le gâteau : si elle ressort sèche, c'est que le gâteau est cuit correctement.

2

3

Cuisson des fruits

Poires	450 g	3 mn 30
Pommes (Golden)	480 g	4 mn
Mangue	1 = 420 g	3 mn
Rhubarbe	500 g = 400 g épluchée	9 mn

(d'après document Moulinex)

Le chocolat fondant très bien au micro-ondes, il entre agréablement dans de nombreuses recettes.

Il est possible de réaliser des tartes (bien que le four traditionnel convienne mieux). Etalez toujours la pâte très finement (**5**).

Comme dans bien des domaines, le micro-ondes présente l'inconvénient de ne pas bien colorer. Vous pouvez y remédier en utilisant un mélange de beurre et de sucre roux en fin de cuisson, ou tout simplement en recourant à un artifice tel qu'un nappage au sucre glace, au coulis, au chocolat (**6**), etc., avant de servir.

4

5

6

Les fruits meringués

Pour réaliser en un temps record des fruits meringués, cuisez ces derniers au micro-ondes, puis nappez-les de blancs en neige et de sucre glace. Il suffit ensuite de les passer sous le grill (de votre four s'il en est équipé, de votre rôtissoire ou de votre four traditionnel).

Pour bien comprendre nos recettes

Les explications les plus simples sont les meilleures ! Mais les plus claires sont aussi les plus précises ; d'où l'utilité de ce petit lexique des termes techniques les plus souvent utilisés en cuisine

A

Abaisser : *diminuer l'épaisseur d'une pâte avec un rouleau à pâtisserie.*

Abattis : *tête, cou, ailerons, pattes, gésiers, cœur et foie de volailles ou de gibiers à plumes.*

Affriter ou afflanchir : *opération consistant à chauffer fortement un corps gras dans un récipient de cuisson pour empêcher les aliments de coller.*

Anglaise : *mélange servant à paner les aliments, composé d'œufs battus, d'huile, éventuellement d'un peu d'eau.*

Appareil : *mélange de différents éléments entrant dans la composition d'un plat.*

B

Bain-marie : *technique de cuisson évitant le contact direct de la chaleur en plaçant le récipient contenant l'aliment, dans un autre contenant de l'eau portée à une température voisine de l'ébullition.*

Barder : *recouvrir une pièce de viande ou une volaille d'une mince tranche de lard gras.*

Beurre manié : *mélange de beurre et de farine permettant d'obtenir une pommade pour compléter la liaison d'une sauce.*

Blanchir : *plonger les légumes pendant quelques minutes dans de l'eau bouillante puis les rafraîchir et les égoutter pour éliminer leur âcreté. Cette technique est également utilisée (en partant de l'eau froide) pour éliminer l'excédent de sel et d'impuretés des viandes et des abats. En pâtisserie, blanchir signifie travailler avec vigueur des jaunes d'œufs et du sucre.*

Brider : *bloquer les membres d'une volaille avec une ficelle et une grosse aiguille.*

Bouquet garni : *thym, laurier et queue de persil ficelés (souvent à l'intérieur d'une feuille de poireau tronçonnée) destinés, en particulier, à donner de la saveur à un bouillon.*

Brunir : *donner de la couleur à un aliment en le faisant revenir dans un plat brunisseur.*

Brunoise : *façon de couper les légumes en petits dés, destinés à servir de garniture dans un potage ou une sauce.*

Buisson : *dressage des crustacés (en particulier des langoustines et des écrevisses) en forme de pyramide.*

C

Canneler : *réaliser des cannelures à l'extérieur de certains fruits, de préférence avec un couteau canneleur.*

Châtrer : *éliminer le boyau central des écrevisses avant de les cuire.*

Chemiser : *technique consistant à enduire les parois d'un moule d'une substance appropriée (gelée, biscuit, laitue, jambon, etc.) avant de le remplir.*

Chiffonnade : *lanières de laitue ou d'oseille servant à la garniture de certains potages ou d'autres plats.*

Ciseler : *opération consistant à pratiquer des incisions dans la chair d'un poisson, à émincer des feuilles de laitue ou d'oseille pour réaliser une chiffonnade, à tailler des échalotes ou des oignons en petits dés.*

Citronner : *frotter la surface de certains légumes ou de certains fruits avec du jus de citron, pour éviter qu'elle ne brunisse sous l'effet de l'air avant et pendant la cuisson.*

Clarifier : *rendre plus clair un consommé ou une gelée avec du blanc d'œuf ; séparer les jaunes des blancs ; assurer la fusion lente du beurre (ou du saindoux) afin d'en décanter l'écume et les impuretés.*

Clouter : *piquer de clous de girofle un oignon blanc. Se dit aussi de l'action consistant à piquer une viande, une volaille ou un poisson de bâtonnets de jambon, d'anchois, etc.*

Coller : *ajouter de la gélatine ou de la gelée pour raffermir la consistance de certains mets.*

Concasser : *hacher grossièrement des aliments.*

Cordon : *sauce déposée autour d'un plat.*

Couronne : *façon de présenter certains aliments de manière circulaire, le plus souvent après moulage dans un moule à savarin.*

Crémer : *ajout de crème dans un plat. Se dit aussi de la réalisation d'une pommade à base de sucre et de beurre.*

Croustade : *bouchée plate.*

D

Darne : *tronçon en forme de tranche de 2 à 3 cm d'épaisseur coupée dans un poisson rond tel le colin, le saumon, etc.*

Décanter : *élimination de l'écume et du petit lait d'un beurre fondu.*

Déglacer : *ajout d'eau ou de vin dans un plat après cuisson, afin de liquéfier les sucs restés au fond du récipient.*

Dégorger : *placer les aliments tels que le poisson et les abats sous l'eau courante pour les débarrasser de leurs impuretés ; faire rendre leur eau à des légumes en les laissant un certain temps dans un plat après les avoir saupoudrés de sel.*

Dégraisser : *écumer l'excès de graisse se formant à la surface d'un bouillon, d'un fond, d'une sauce ; se dit aussi de l'action visant à trancher le gras excédentaire à la surface d'une viande.*

Dés : *petits cubes résultant de la taille des légumes.*

Détendre : *rendre une sauce plus fluide.*

Détrempe : *base de certaines pâtes, composée de farine, d'eau et de sel.*

Duxelle : *préparation constituée de champignons de Paris ciselés, étuvés avec du beurre, de l'échalote et de l'oignon, également ciselés.*

E

Ebarber : *taille des nageoires d'un poisson.*

Ecumer : *action de prélever l'écume se formant à la surface d'un fond ou d'une sauce, avec une écumoire.*

Effiler : *enlever le fil des haricots verts ; tailler les amandes, les pistaches, etc. en fines lamelles.*

Emincer : *façon de tailler les légumes en fines lamelles.*

Etuver : *cuire lentement un aliment dans son eau et un peu de beurre, à l'intérieur d'un récipient couvert.*

Exprimer : *faire rendre son eau ou son jus à un aliment en le pressant fortement. Se dit aussi de l'extraction des graines d'un fruit par la même technique.*

Escaloper : *technique consistant à couper les aliments dans le sens longitudinal pour former de fines tranches.*

F

Fleurons : *éléments décoratifs feuilletés en forme de croissants.*

Foncer : *garnir le fond d'un moule avec de la pâte ; se dit aussi lorsqu'on place au fond d'un plat de cuisson une garniture aromatique.*

Fontaine : *creux que l'on pratique au sommet d'un cône de farine.*

Flamber : *passer rapidement sous la flamme une volaille pour faire brûler le duvet ; verser un alcool et l'enflammer sur une pièce de viande ou tout autre aliment.*

Fraiser : *écraser à la main une pâte brisée ou sablée pour la rendre plus homogène.*

Frapper : *refroidir rapidement une préparation.*

Fondre : *cuire très doucement des légumes tels que poireaux, laitue, oseille, dans un récipient couvert avec un peu de beurre.*

G H

Graisser : *enduire de beurre, avec un pinceau, une plaque de cuisson, un moule ou tout autre récipient pour empêcher les aliments de coller.*

Habiller : *préparer une volaille ou un poisson avant de les cuire.*

Historier : *pratiquer un décor sur un légume ou sur un fruit avec l'outil approprié ou un couteau.*

I J L

Inciser : *voir ciseler.*

Julienne : *tailler des légumes ou certains fruits en fins filaments.*

Larder : *traverser une pièce de viande avec un lardoir pour y placer des lanières de lard.*

Lier : *donner de la consistance à une sauce, un fond, une soupe, etc. avec divers ingrédients.*

Limoner : *passer une viande ou des abats sous l'eau courante pour en éliminer le sang.*

M N

Macérer : *faire tremper des fruits dans de l'alcool pour les parfumer de ce dernier.*

Mariner : *faire tremper un poisson, un gibier, dans une marinade (variable suivant les mets) de façon à attendrir et à parfumer la chair.*

Masquer : *faire disparaître un mets sous la sauce, une crème ou une gelée.*

Matignon : *garniture aromatique de carotte, d'oignon, de céleri, de jambon, accompagnée d'un bouquet garni, taillée en paysanne et suée au beurre.*

Mignonnette : *poivre concassé.*

Monder : *peler certains légumes ou certains fruits, en les plongeant rapidement et successivement dans de l'eau bouillante et dans de l'eau froide.*

Monter : *augmenter le volume d'une préparation en la battant à l'aide d'un fouet, parfois avec adjonction d'huile.*

Mortifier : *laisser la viande, et en particulier le gibier, pendant plusieurs jours dans un local frais et ventilé pour l'attendrir.*

Mouiller : *ajouter de l'eau, du vin ou un fond pour permettre la cuisson d'un aliment.*

Napper : *voir masquer.*

P

Paner : *enrober un aliment de mie de pain ou de chapelure, après l'avoir trempé dans un mélange d'œufs battus, d'huile, de sel et de poivre.*

Peluches : *extrémités des tiges et des feuilles de cerfeuil, de persil et de cresson, utilisées pour garnir certains potages.*

Persillade : *mélange de mie de pain, d'ail et de persil haché utilisé en particulier pour réaliser des tomates provençales.*

Piquer : *clouter; piquer une abaisse de pâte pour qu'elle ne gonfle pas trop lors de la cuisson.*

Pocher : *cuisson d'un aliment immergé dans de l'eau, un fumet, une sauce, etc.*

Pointe : *quantité infime d'un aliment ou d'une épice.*

Puits : *voir fontaine.*

Q R

Quadriller : *opération consistant à marquer les aliments panés avec la lame d'un couteau de façon à obtenir un dessin en forme de quadrillage.*

Rafraîchir : *placer un aliment sous l'eau courante froide pour abaisser rapidement sa température.*

Réduire : *porter à ébullition un liquide afin de le concentrer par évaporation.*

Relever : *apporter des épices afin de rehausser la saveur d'un aliment.*

Revenir : *faire sauter un aliment dans un peu d'huile, de beurre ou de toute autre matière grasse.*

Rissoler : *revenir en donnant de la coloration à un aliment ; se dit aussi lorsqu'on fait revenir des pommes de terre préalablement blanchies (voir ce mot).*

Remonter : *réunir de nouveau les éléments d'une sauce qui se sont dissociés, par homogénéisation ou émulsion.*

Rouelle : *tranche très épaisse.*

Roux : *mélange d'un corps gras et de farine, cuit le temps voulu à sa coloration, servant de liaison ; selon cette coloration on parle de roux blanc, blond, brun.*

Rompre : *stopper le processus de fermentation d'une pâte.*

Ruban : *désigne la consistance d'une pâte ou d'une sauce formant un ruban lorsqu'on la verse à la cuillère. Pour une pâte, cette consistance résulte d'un fouettage intense.*

S

Salpicon : *taille d'un aliment en très petits dés.*

Saisir : *commencer la cuisson d'un aliment à température très vive.*

Sauter : *cuire de petits morceaux d'aliments rapidement avec un peu de matière grasse.*

Singer : *saupoudrer un mets de farine pour permettre la liaison.*

Suer : *faire perdre son eau à un aliment par évaporation en le chauffant doucement avec un peu de matière grasse. L'aliment ne doit pas être coloré.*

Suprême : *blanc de volaille, filet d'un gros poisson.*

T

Tailler : *couper pour former des morceaux plus ou moins gros et épais.*

Tamponner : *beurrer en surface.*

Tapisser : *voir chemiser.*

Timbale : *récipient de forme variée en pâte feuilletée recevant une garniture.*

Tomber : *action de réduire un fond, un fumet, jusqu'à obtention d'un liquide très consistant.*

Tourner : *donner à un légume une forme régulière avec un couteau pour favoriser sa cuisson ou améliorer sa présentation ; ce verbe désigne aussi une préparation dont les éléments se dissocient, mais aussi d'un mets qui fermente et n'est plus propre à la consommation.*

Travailler : *mélanger vigoureusement les éléments d'une pâte ou d'un appareil avec une spatule ou un robot.*

Trousser : *bloquer les membres d'une volaille sans ficelle.*

Tremper : *plonger des légumes secs dans l'eau pour les réhydrater ; imbiber un baba ou un savarin avec du sirop.*

Tronçonner : *découper en tronçons de gros légumes, un gros poisson, etc.*

V Z

Vanner : *permettre le refroidissement homogène d'une sauce ou d'une crème en l'agitant constamment avec une spatule.*

Voiler : *déposer à la surface d'une pâtisserie un voile de sucre filé.*

Venaison : *pièce de gros gibier.*

Zeste : *petit morceau d'écorce de certains agrumes, en particulier d'orange et de citron.*

Pour bien décongeler

Chacun sait que le micro-ondes est idéal pour décongeler. Pour le faire correctement, il faut cependant connaître les temps à respecter et surtout la puissance à utiliser

Décongélation (jusqu'à 4 °C) Programmes 25 % 50 %

POISSONS-CRUSTACÉS	**Quantité**	**Puissance**	**Temps**	**Observations**
Poisson entier : truite	1 (250 g)	50 %	3 mn 30	Retournez à mi-décongélation
Filets de cabillaud (en bloc)	400 g	25 %	10 à 11 mn	Séparez les filets dès que possible. Laissez reposer.
Tranches de poisson	100 g	25 %	3 mn	
Crevettes	200 g	50 %	2 à 3 mn	Secouez le plat
VIANDES				
Bœuf				
Rôti	1 kg	25 %	25 à 30 mn	Retournez à mi-décongélation. Laissez reposer.
Entrecôtes	4 (x 120 g)	25 %	10 mn	Laissez reposer.
Viande en morceaux	600 g	25 %	8 à 10 mn	
Steak haché	2 (x 100 g)	25 %	5 à 6 mn	Laissez reposer.
Veau - Porc				
Côtes	450 g	25 %	8 à 10 mn	Laissez reposer.
Rôti	800 g	25 %	25 mn	Laissez reposer.
Agneau				
Gigot	1,5 kg	25 %	30 à 35 mn	Laissez reposer en fin de décongélation.
Volailles				
Poulet entier	1 kg	25 %	20 à 22 mn	Retournez à mi-décongélation. Laissez reposer.
Cuisses	2 (500 g)	25 %	8 à 9 mn	
FRUITS				
Fraises	500 g	25 %	8 mn	Secouez le récipient.
Framboises	300 g	25 %	4 mn	

Décongélation - cuisson Programme 100 %

LÉGUMES				
Carottes	450 g	100 %	12 à 14 mn	Dans un plat couvert.
Chou-fleur	400 g	100 %	10 à 12 mn	Dans un plat couvert.
Epinards	450 g	100 %	10 à 12 mn	Dans un plat couvert.
Haricots verts	500 g	100 %	12 mn	Remuez en cours de cuisson.
Jardinière	450 g	100 %	10 à 12 mn	Remuez en cours de cuisson.
Petits pois	450 g	100 %	8 à 10 mn	Remuez en cours de cuisson.

Remise en température de plats surgelés (ou congelés) Programmes 100 % 25 %

Plats cuisinés Viande ou poisson	400 à 500 g	100 %	12 mn	Transvasez la préparation dans un plat Pyrex couvert. Remuez en cours d'opération.
Quiche	4 individuelles	100 %	5 mn	Placez sur le plat brunisseur chauffé pour éviter le ramollissement de la pâte.
Pizza	∅ 22 cm	100 %	4 mn	Idem.
Brioches	4	25 %	4 mn 30	Sur une serviette en papier.
Croissants	4	25 %	4 mn	Idem.

Les temps indiqués dans le tableau le sont à titre indicatif. Ils seront fonction de la qualité, du volume, de la présentation des aliments.

Nota : *On constate d'après ce tableau que l'on n'utilise pas toujours la puissance dite de décongélation, celle-ci convenant surtout pour les aliments à forte teneur en eau.* *(D'après documentation Moulinex).*

2

Plats express

Paella

Ce plat typiquement espagnol si long à réaliser, réussi en un temps record au micro-ondes

TEMPS DE CUISSON : 17 minutes

PRÉPARATION :	20 minutes
DIFFICULTÉ	: faible
CALORIES	: 680 Kcal
PRIX	: moyen

Préparer les légumes, laver les fruits de mer, découper le poulet (ou acheter des morceaux).

Suer les oignons et les poivrons pendant 3 minutes à pleine puissance.

Faire préchauffer le plat brunisseur pendant 3 minutes à pleine puissance. Brunir les morceaux de poulet pendant 4 minutes à puissance maxi.

Réunir dans le plat à gratin les oignons et les poivrons, les morceaux de poulet, le safran, le riz, le bouquet garni et l'assaisonnement.

Mouiller à l'eau ou au bouillon à raison de 2 fois le volume de riz. Couvrir avec un film. Cuire au four pendant 5 minutes à 75 % de puissance.

Ajouter le chorizo, les moules et les langoustines et l'huile d'olive. Cuire au four pendant 5 minutes à 75 % de puissance.

Ajouter le beurre et laisser reposer 5 minutes avant de servir. Accompagner éventuellement de quelques scampi grillés.

INGRÉDIENTS POUR 6 PERSONNES

50 g d'oignon ; 300 g de poivron (vert et rouge) ; 200 g de tomate concassée ; 300 g de riz long ; 200 g de chorizo ; 1/2 litre de moules d'Espagne ; 6 langoustines ; 1 kg de poulet en morceaux ; 100 g de beurre ; 5 cl d'huile d'olive ; safran, sel, poivre, bouquet garni.

Vin proposé : *Vin d'Espagne.*

CONSEILS DE DÉCONGÉLATION

Le riz se prête mal à congélation ; aussi est-il conseillé de ne congeler que la viande et les fruits de mer. Pour ne pas abîmer les fruits de mer, il est préférable de décongeler lentement à puissance faible (25 %).

Plat brunisseur
Plat à gratin en verre à bords hauts

Œufs cocotte à la crème

TEMPS DE CUISSON : 1 minute 30

PRÉPARATION :	4 minutes
DIFFICULTÉ :	faible
CALORIES :	340 Kcal
PRIX :	faible

Ramequins
Plat pour le bain-marie

INGRÉDIENTS POUR 4 PERSONNES

8 œufs ; 20 g de beurre ; 20 cl de crème épaisse ; sel, poivre, œufs de lump, estragon.

Beurrer les ramequins. Les assaisonner.

Casser les œufs délicatement. Percer les jaunes.

Disposer les ramequins dans un bain-marie.

Placer un cordon de crème détendue sur les blancs. Assaisonner.

Cuire 1 minute à pleine puissance, puis 30 secondes à 25 %.

Décorer de quelques œufs de lump et de feuilles d'estragon.

Iles flottantes

PRÉPARATION :	7 minutes
DIFFICULTÉ :	faible
CALORIES :	300 Kcal
PRIX :	faible

TEMPS DE CUISSON : 1 minute 30

Monter les œufs en neige. Terminer en ajoutant du sucre.

Remplir les ramequins en tassant, 1 cm au-dessus du bord.

Cuire au four pendant 1 minute 30 à puissance mini (10 %).

Démouler directement sur la crème anglaise. Napper de caramel.

INGRÉDIENTS POUR 4 PERSONNES

6 blancs d'œufs ; 80 g de sucre semoule.
Pour la crème : 50 cl de lait ; 100 g de sucre ; 6 jaunes d'œufs ; vanille.
Pour le caramel : 150 g de sucre en morceaux.

Cailles du Quercy à l'échalote

Une façon traditionnelle d'accommoder les cailles avec la technique de cuisson la plus moderne

Préparer les cailles. Les flamber, les vider, les brider. Assaisonner l'intérieur.

Préchauffer le plat brunisseur 3 minutes à puissance maxi.

Huiler les cailles. Les mettre au four pour les colorer 5 minutes à 0 %.

Ajouter les échalotes coupées en gousses. Cuire au four 5 minutes à 75 %.

Arroser de quelques gouttes d'Armagnac et flamber en dehors du four.

Ajouter le jus de veau. Terminer la cuisson par 5 minutes à 75 %.

Rectifier l'assaisonnement de la sauce, et ajouter quelques parcelles de beurre.

TEMPS DE CUISSON : 15 minutes

PRÉPARATION	8 minutes
DIFFICULTÉ	faible
CALORIES	250 Kcal
PRIX	moyen

Plat brunisseur

INGRÉDIENTS POUR 4 PERSONNES

4 cailles de 150 g ; 50 cl d'huile ; 150 g d'échalote ; 3 cl d'Armagnac ; 50 g de beurre ; 20 cl de jus de veau ; sel, poivre.

Vin conseillé : *Bourgueuil. Bourgogne Passetoutgrains.*

Accompagnement : *Peuvent être dressées sur toast.*

Quiche lorraine

TEMPS DE CUISSON : 20 minutes

Plat à tarte en verre

PRÉPARATION :	10 minutes
DIFFICULTÉ :	faible
CALORIES :	520 Kcal
PRIX :	faible

INGRÉDIENTS POUR 6 PERSONNES

300 g de pâte feuilletée ; 100 g de poitrine fumée ; 100 g de gruyère râpé ; 25 cl de lait ; 25 cl de crème fraîche ; 4 œufs ; sel, poivre.
Vin conseillé : *Riesling.*

Foncer le plat à tarte avec la pâte feuilletée. Réserver au congélateur.

Préchauffer le grill (celui du micro-ondes, de votre rôtissoire ou du four). Sortir le plat du congélateur et colorer la pâte sous le grill pendant 5 minutes.

Ajouter les lardons sautés, le fromage, et la moitié de l'appareil composé de 2 jaunes d'œufs et de 2 œufs entiers, du lait et de la crème fraîche. Assaisonner.

Cuire au four pendant 5 minutes à mi-puissance.

Ajouter la seconde partie de l'appareil et cuire à nouveau pendant 5 minutes à mi-puissance.

Terminer la cuisson au grill pendant 5 minutes.

Courgettes farcies

TEMPS DE CUISSON : 13 minutes

Acheter des courgettes moyennes (éviter les trop grosses). Préparer la farce (chair à saucisse, oignon, ail, œuf, fines herbes).

Evider les courgettes (**1**) dans le sens de la longueur ou/et en tronçons. Les farcir.

Beurrer le plat et y déposer les courgettes. Cuire au four à micro-ondes pendant 5 minutes à 75 %.

Ajouter la tomate concassée. Faire de nouveau cuire pendant 3 minutes, mais à mi-puissance (**2**).

PRÉPARATION :	10 minutes
DIFFICULTÉ :	faible
CALORIES :	420 Kcal
PRIX :	faible

1

2

Plat à gratin

INGRÉDIENTS POUR 4 PERSONNES

4 courgettes moyennes ou 8 petites ; 400 g de chair à saucisse ; 50 g d'oignon ; 1 œuf ; 50 g de beurre ; 1 gousse d'ail ; fines herbes ; 300 g de tomates.
Vin conseillé : *Bandol.*
Garniture proposée : *Riz et sauce brune à l'échalote.*

Sole Bercy

TEMPS DE CUISSON : 10 minutes

Une façon très riche d'accommoder le plus savoureux de nos poissons plats

PRÉPARATION	: 9 minutes
DIFFICULTÉ	: moyenne
CALORIES	: 660 Kcal
PRIX	: élevé

Plat à bord haut
Film
Jatte

INGRÉDIENTS POUR 4 PERSONNES

4 soles ; 30 g d'échalote ; 40 g de beurre ; 40 cl de fumet de poisson ; 20 cl de vin blanc ; 20 cl de crème fraîche ; sel, poivre.

Vin conseillé : *Riesling, Gros Plant.*

Garniture proposée : *Riz aux crevettes.*

Habiller les soles. Les vider, éliminer les peaux.

Dans un plat beurré, mettre les échalotes ciselées, le persil haché ; disposer les soles côté peau noire. Assaisonner.

Verser le fumet de poisson, le vin blanc. Recouvrir avec un film percé, pocher 4 minutes à pleine puissance.

Laisser reposer.

Passer la cuisson à la passoire, ajouter la crème et réduire en passant 2 fois 1 minute et demie à pleine puissance, en remuant à mi-cuisson.

Ajouter le beurre fractionné, napper sur les soles égouttées. Passer au grill 3 minutes.

Huîtres pochées aux 3 sauces

Les huîtres chaudes sont à la mode ; le micro-ondes révèle merveilleusement leur saveur délicate

TEMPS DE CUISSON : 5 minutes

PRÉPARATION	12 minutes
DIFFICULTÉ	faible
CALORIES	720 Kcal
PRIX	moyen

Plat à gratin
Assiettes
Bols en verre

INGRÉDIENTS POUR 2 PERSONNES

18 fines de claire nº 4 ; 500 g de gros sel ; 40 cl de crème fraîche ; 10 cl de vin blanc ; 20 g d'échalote ; quelques feuilles de cresson ; 10 g de concentré de tomate ; sel, poivre.

Vin conseillé : *Bourgogne blanc.*

Pour ouvrir les huîtres : verser le gros sel dans le plat à gratin ; disposer les huîtres à plat sur le gros sel. Mettre au four 2 minutes à 100 %.

Mettre dans le bol les échalotes en petits dés et le vin blanc. Réduire au four 1 minute à 100 %.

Ajouter le jus des huîtres, le sel, le poivre et la crème fraîche. Réduire la sauce au four 3 minutes à 100 %.

Partager la sauce en trois.

Mixer quelques feuilles de cresson.

Mélanger avec un tiers de sauce.

Mélanger le concentré de tomate avec le deuxième tiers.

Laisser le troisième tiers nature.

Verser les sauces sur les huîtres décortiquées. Alterner les couleurs.

Dresser les huîtres sur assiette avec le gros sel.

Repasser les assiettes au four 1 minute à 75 % avant de servir.

Magrets de canard au poivre vert

Il ne vous faudra pas un quart d'heure pour réussir ces magrets, cuits parfaitement grâce au micro-ondes

TEMPS DE CUISSON :	8 minutes

PRÉPARATION :	5 minutes
DIFFICULTÉ :	faible
CALORIES :	650 Kcal
PRIX :	élevé

INGRÉDIENTS POUR 4 PERSONNES

2 magrets de canard de 500 g ; 5 cl d'huile ; 20 g de beurre ; 30 g d'échalote ; 10 g de poivre vert ; 40 cl de jus de veau ; 10 cl de crème épaisse ; sel, poivre.

Vin conseillé : *Mercurey rouge.*

Garniture proposée : *pommes gaufrettes ou flan de courgette et pommes noisettes.*

Préchauffer le plat brunisseur 3 minutes à pleine puissance.

Poivrer les magrets et les badigeonner d'huile et de beurre fondu. Colorer au four 2 minutes à 0 %.

Laisser reposer (réserver à part). Ajouter les échalotes en dés, le poivre vert, le jus de veau et la crème épaisse. Cuire au four 3 minutes à 100 %.

Rectifier l'assaisonnement de la sauce. Escaloper les magrets et servir.

Escalopes de saumon aux poivrons

TEMPS DE CUISSON : **6 minutes**

INGRÉDIENTS POUR 2 PERSONNES

400 g de filet de saumon ; 30 g de beurre ; poivrons rouge et vert ; 10 cl de vin blanc ; 20 cl de crème épaisse ; 10 g d'œufs de saumon ; sel, poivre.
Vin conseillé : *Savennières.*
Accompagnement proposé : *petites bouchées à la mousse de poivrons et quelques coquillages cuits.*

Beurrer, saler et poivrer le plat à gratin.

Couper les poivrons en petits dés et parsemer le fond du plat.

Ajouter les escalopes de saumon et le vin blanc. Couvrir d'un film percé, cuire au four 3 minutes à pleine puissance.

Retirer les escalopes de saumon du plat et les disposer sur les assiettes de service.

Ajouter la crème dans le plat, cuire au four pendant 3 minutes à 100 %.

Verser la sauce sur les escalopes de saumon. Parsemer les œufs de saumon.

Plat à gratin en verre

PRÉPARATION :	**5 minutes**
DIFFICULTÉ :	*faible*
CALORIES :	**470 Kcal**
PRIX :	*élevé*

Pommes à la crème de ciboulette

TEMPS DE CUISSON : **7 minutes**

Eplucher les pommes de terre et les couper en quartiers réguliers.

Les égoutter et les disposer dans le plat à gratin avec le beurre, le sel, le poivre et 10 cl d'eau. Couvrir avec un film percé. Cuire au four 5 minutes à pleine puissance.

Ciseler finement la ciboulette.

Ajouter la crème et la ciboulette aux pommes de terre.

Terminer la cuisson au four à couvert 2 minutes à 100 %. Servir très chaud.

PRÉPARATION :	**5 minutes**
DIFFICULTÉ :	*faible*
CALORIES :	**280 Kcal**
PRIX :	*faible*

INGRÉDIENTS POUR 4 PERSONNES

1 kg de pomme de terre à chair ferme (BF 15) ; 50 g de beurre ; 20 cl de crème épaisse ; 1 petite botte de ciboulette ; sel, poivre.
Accompagnement proposé : *filet de poisson poché ou viande de porc rôtie.*

Plat à gratin en verre

Blanc de dinde à la vapeur de poireaux

TEMPS DE CUISSON : 8 minutes

PRÉPARATION	: 5 minutes
DIFFICULTÉ	: faible
CALORIES	: 230 Kcal
PRIX	: faible

INGRÉDIENTS POUR 4 PERSONNES

600 g de blanc de dinde ; 300 g de poireau ; 20 cl d'eau ; 50 g de beurre ; 1 cuillerée de crème fraîche ; sel, poivre.

Plat creux en verre avec grille vapeur et couvercle

Laver, éplucher et émincer les poireaux.

Fondre le beurre dans le plat creux 1 minute à 100 %.

Ajouter les poireaux, cuire au four sous film percé 5 minutes à pleine puissance.

Ajouter l'eau. Poser les escalopes de dinde assaisonnées sur la grille vapeur. Couvrir et cuire au four 2 minutes à 100 %. Ajouter dans le jus de cuisson un beurre composé avec des fines herbes et une cuillerée de crème fraîche.

Cannellonis à l'italienne

TEMPS DE CUISSON : 15 minutes	

PRÉPARATION	: 7 minutes
DIFFICULTÉ	: faible
CALORIES	: 560 Kcal
PRIX	: faible

Jatte
Plat creux

INGRÉDIENTS POUR 4 PERSONNES

250 g de pâte à cannelloni ; 100 g de jambon de Paris ; 80 g de chair à saucisse ; 1 œuf ; 10 g de beurre ; 80 g de sauce tomate ; 50 g de gruyère râpé ; 5 cl d'huile ; sel, poivre.

Mettre 5 cl d'huile dans l'eau froide. Porter à ébullition.

Pocher à l'eau bouillante les carrés de pâte 3 minutes à pleine puissance.

Rafraîchir et égoutter.

Confectionner la farce avec la chair à saucisse, les dés de jambon et l'œuf battu. Assaisonner.

Farcir les carrés de pâte et les rouler.

Disposer dans un plat beurré. Napper de sauce tomate. Parsemer de gruyère râpé. Cuire 3 minutes à 100 %, puis 3 minutes à 50 %.

Finir la cuisson en passant sous le grill 6 minutes.

Consommé chasseur

Lorsqu'on revient d'une battue hivernale, quoi de plus reconstituant qu'un bon consommé bien chaud

PRÉPARATION :	7 minutes
DIFFICULTÉ :	moyenne
CALORIES :	280 Kcal
PRIX :	moyen

TEMPS DE CUISSON : 7 minutes 30

INGRÉDIENTS POUR 4 PERSONNES

1,25 l de bouillon de volaille ; 100 g de chair de volaille ou de chair de gibier à plumes déjà cuite ; 200 g de tomate ; 40 g de céleri en branche ; 60 g de perle du Japon ou d'orge perlée ; 5 cl de madère ou de xérès ; cerfeuil et persil haché ; sel, poivre.

Faire bouillir le bouillon 5 minutes à 100 %.

Pendant ce temps, émincer finement le céleri en branche. Détailler la tomate et la chair de volaille en dés. Hacher le persil et le cerfeuil.

Ajouter les perles du Japon dans le bouillon. Faire cuire 1 minute 30 à 100 %.

Ajouter toute la garniture taillée et le xérès. Faire chauffer 1 minute à 100 %.

Rectifier l'assaisonnement si besoin. Laisser reposer 30 secondes. Parsemer de persil et de cerfeuil haché.

Cocotte

Crème à la rhubarbe

TEMPS DE CUISSON : 10 minutes

Plat à gratin en verre
Film

PRÉPARATION :	5 minutes
DIFFICULTÉ :	moyenne
CALORIES :	320 Kcal
PRIX :	faible

Eplucher la rhubarbe. L'émincer en dés de 1 cm.

Dans le plat à gratin, rassembler la rhubarbe, le sucre et l'eau. Cuire à couvert (film percé) 8 minutes à pleine puissance.

Mélanger le sucre et les œufs.

Ajouter le mélange à la rhubarbe. Mélanger. Cuire au four 2 minutes à 50 %.

Monter la crème chantilly et deux blancs en neige.

Incorporer la crème chantilly et les blancs en neige à la rhubarbe.

Dresser en coupe ou en saladier.

INGRÉDIENTS POUR 4 PERSONNES

Pour la cuisson de la rhubarbe : 750 g de rhubarbe ; 100 g de sucre ; 2 cuillerées d'eau.
3 œufs ; 50 g de sucre ; 20 cl de crème liquide ; 2 blancs d'œufs.

Vin conseillé : *Monbazillac.*

Accompagnement proposé : *langues de chat et tuiles aux amandes.*

Médaillons de chevreuil Montmorency

TEMPS DE CUISSON : 5 minutes

PRÉPARATION	: 8 minutes
DIFFICULTÉ	: faible
CALORIES	: 480 Kcal
PRIX	: élevé

Plat brunisseur

Egoutter les cerises. Les dénoyauter. Réserver le jus.

Préchauffer le plat brunisseur 3 minutes à pleine puissance.

Ajouter le beurre, laisser fondre.

Ajouter les médaillons. Cuire au four 3 minutes à 100 %. Retourner à mi-cuisson sans piquer la viande.

Saler et poivrer après cuisson. Sortir les médaillons du four et flamber aussitôt au cognac. Réserver les médaillons.

Ajouter 10 cl de jus de cerise dans le plat brunisseur. Cuire 1 minute à 100 %.

Ajouter le jus de veau et la crème. Cuire 1 minute à pleine puissance.

En fin de cuisson, incorporer la gelée de groseille.

Verser la sauce sur les médaillons. Servir sans attendre, pour ne pas réchauffer, sinon la viande risquerait de durcir.

INGRÉDIENTS POUR 2 PERSONNES

2 médaillons de filet de chevreuil de 150 g chacun ; 30 g de beurre ; 3 cl de cognac ; 100 g de cerises au sirop ; 10 cl de jus de veau ; 1/2 cuillerée à potage de crème fraîche épaisse ; 1/2 cuillerée à potage de gelée de groseille ; sel, poivre.

Vin conseillé : *Pomerol.*

Garniture proposée : *pommes dauphines.*

Tomates farcies à l'œuf

TEMPS DE CUISSON : 2 minutes	

PRÉPARATION	: 5 minutes
DIFFICULTÉ	: faible
CALORIES	: 260 Kcal
PRIX	: faible

Couper le dessus des tomates de façon à en dégager un chapeau.

Evider les tomates avec une cuillère à café (**1**). Ajouter dans le fond de chaque tomate un peu d'estragon, de cerfeuil haché et une parcelle de beurre. Saler et poivrer.

Casser un œuf dans chaque tomate en évitant de crever le jaune (**2**).

Cuire au four 1 minute à 25 % et 1 minute à 75 % dans le plat à gratin préalablement huilé. Le blanc de l'œuf doit être coagulé, le jaune restant liquide.

Peut être dégusté comme un œuf à la coque accompagné de toasts beurrés.

Plat à gratin en verre

INGRÉDIENTS POUR 4 PERSONNES

8 tomates; 8 œufs; 50 g de beurre; 1 pincée d'estragon; 1 pincée de cerfeuil; sel, poivre.
Vin conseillé : *Bourgogne passe-tout-grain.*

1

2

Rouelle d'agneau à la crème d'ail

TEMPS DE CUISSON : 5 minutes

PRÉPARATION	8 minutes
DIFFICULTÉ	faible
CALORIES	450 Kcal
PRIX	moyen

INGRÉDIENTS POUR 2 PERSONNES

2 tranches de gigot de 200 g chacune ; 6 gousses d'ail ; 5 cl d'huile ; 1 œuf ; 20 g de beurre ; 15 cl de crème épaisse ; sel, poivre.
Vin conseillé : *rosé de Provence.*
Garniture proposée : *pommes croquettes ou gratin dauphinois.*

Bol en terre
Plat brunisseur

Eplucher l'ail et le blanchir dans un bol avec 2 cuillerées à potage d'eau 1 minute à pleine puissance, puis le hacher.

Cuire un œuf dur de façon traditionnelle.

Préchauffer le plat brunisseur 3 minutes à 100 %.

Ajouter l'huile, les tranches de gigot. Cuire au four 3 minutes à 100 % (pour une cuisson rosée). Retourner à mi-cuisson.

Saler et poivrer après cuisson. Réserver au chaud.

Ajouter l'ail haché, le beurre et la crème dans le plat brunisseur (**1**).

Cuire cette sauce 1 minute à pleine puissance. Ajouter l'œuf dur haché.

Napper les rouelles. Servir très chaud.

Bananes gratinées

TEMPS DE CUISSON : 4 minutes

PRÉPARATION	5 minutes
DIFFICULTÉ	faible
CALORIES	480 Kcal
PRIX	faible

INGRÉDIENTS POUR 2 PERSONNES

2 bananes ; 50 g de sucre ; 5 cl de rhum ; 30 g de beurre ; 20 g de poudre d'amandes ; 1 citron vert.
Vin conseillé : *Rosé d'Anjou.*
Accompagnement proposé : *sorbet à la banane.*

Eplucher les bananes et les couper en deux dans le sens de la longueur.

Préchauffer le plat brunisseur 3 minutes à pleine puissance.

Ajouter le beurre et les demi-bananes. Cuire 1 minute à 100 %.

Hors du four, flamber au rhum.

Ajouter le sucre et les amandes en poudres.

Passer sous le grill 5 minutes.

Arroser avec le jus de citron vert avant de servir.

Plat brunisseur

Steak au poivre

*Un steak au poivre bien saisi,
saignant à souhait ou cuit à point,
c'est tout à fait possible au micro-ondes*

1

2

TEMPS DE CUISSON : 4 minutes

PRÉPARATION :	8 minutes
DIFFICULTÉ	: faible
CALORIES	: 540 Kcal
PRIX	: moyen

Concasser le poivre, pas trop finement.

Préchauffer le plat brunisseur 3 minutes à 100 %.

Passer le steak dans le poivre. Ajouter le beurre dans le plat brunisseur. Colorer la 1re face du steak 1 minute à 0 %. Retirer le steak.

Préchauffer à nouveau le plat brunisseur 3 minutes à 100 %. Colorer la 2e face du steak 1 minute à 100 %. Hors du four, flamber le steak au cognac (**2**). Réserver le steak sur une assiette.

Ajouter le vin blanc dans le plat brunisseur.

Ajouter le jus de veau. Cuire 1 minute à 100 %.

Ajouter la crème fraîche et le sel. Cuire à nouveau 1 minute à 100 %.

Goûter la sauce et en napper le steak. Préparer ce plat au dernier moment pour ne pas réchauffer le steak dans la sauce.

Plat brunisseur

INGRÉDIENTS POUR 2 PERSONNES

1 tranche de contre-filet de 400 g ; 20 g de beurre ; poivre en grains (selon goût) ; 3 cl de cognac ; 5 cl de vin blanc ; 15 cl de jus de veau ; 10 cl de crème épaisse ; sel.

Vin conseillé : *Côtes de Beaune.*

Garniture proposée : *pommes sautées à cru.*

Boudin noir aux pommes

TEMPS DE CUISSON : 7 minutes

PRÉPARATION :	8 minutes
DIFFICULTÉ	: faible
CALORIES	: 300 Kcal
PRIX	: faible

Couper les oignons en fines lamelles. Piquer les boudins noirs.

Réunir le beurre et le sucre dans le plat à gratin. Caraméliser au four 1 minute à 100 %.

Couper les pommes en quartiers et les ajouter au caramel. Cuire 1 minute à 100 %. Les quartiers de pomme seront mieux appréciés s'ils restent légèrement croquants, "al dente".

Préchauffer le plat brunisseur 3 minutes à pleine puissance.

Ajouter le beurre et les boudins. Cuire au four 3 minutes à 100 %. Retourner en cours de cuisson.

Assaisonner en fin de cuisson. Réserver les boudins.

Ajouter les oignons dans le plat brunisseur. Cuire au four 2 minutes à 100 %.

Dresser sur une assiette ou un plat en garnissant avec les oignons et les pommes.

Plat brunisseur
Plat à gratin en verre

INGRÉDIENTS POUR 4 PERSONNES

4 boudins noirs de 120 g ; 30 g de beurre ; 100 g d'oignon ; 2 goldens ; 50 g de sucre ; 30 g de beurre ; sel, poivre.

Vin conseillé : *Chinon.*

Garniture proposée : *pomme purée et petits pois à la française.*

Filet de maquereau à la diable

TEMPS DE CUISSON : 6 minutes	

PRÉPARATION	:	5 minutes
DIFFICULTÉ	:	faible
CALORIES	:	530 Kcal
PRIX	:	faible

INGRÉDIENTS POUR 2 PERSONNES

2 maquereaux de 250 g ; 30 g de beurre ; 20 g d'échalote ; 1 tomate ; 10 cl de vin blanc ; 5 cl de vinaigre ; 8 grains de poivre ; 10 cl de crème épaisse ; 1 pincée de cerfeuil ; quelques feuilles d'estragon ; sel.

Vin conseillé : *Pouilly fumé.*

Garniture proposée : *riz nature ou pommes vapeur.*

Plat à gratin en verre
Bol en terre
Film

1

2

Réunir dans le bol, l'échalote en dés, le poivre en grains concassé et le vinaigre. Faire réduire en passant au four 1 minute à 100 %.

Lever les filets de maquereaux.

Sur le plat beurré, salé et poivré, déposer les dés de tomate, l'estragon et le cerfeuil hachés, le vin blanc, puis les filets de maquereaux (**2**).

Couvrir d'un film percé. Cuire 2 minutes à pleine puissance.

Récupérer le jus de cuisson des maquereaux. Le verser dans le bol en terre avec la réduction (échalote, poivre et vinaigre).

Ajouter la crème fraîche. Cuire la sauce obtenue 3 minutes à 100 %.

Passer la sauce et verser sur les filets de maquereaux.

Ajouter quelques noix de beurre avant de servir.

Salade de chèvre chaud

TEMPS DE CUISSON : 4 minutes

PRÉPARATION	: 13 minutes
DIFFICULTÉ	: faible
CALORIES	: 360 Kcal
PRIX	: moyen

INGRÉDIENTS POUR 4 PERSONNES

4 petits fromages de chèvre ou 1 grand ; 1 laitue ; 4 tranches de pain de mie ; 20 g de feuille de chêne ; 8 tomates cerises ; 8 olives noires ; 30 cl d'huile ; 10 cl de vinaigre ; 20 g de beurre ; 30 g de chapelure ; 20 g de fines herbes ; sel, poivre.

Vin conseillé : *Mâcon blanc.*

Détailler le pain de mie en toasts et le faire colorer sur le plat brunisseur préalablement chauffé 5 minutes à pleine puissance.

Passer les chèvres dans la chapelure.

Eplucher, laver et tailler finement les feuilles de laitue.

Préparer les garnitures : feuilles de chêne, vinaigrette, olives et fines herbes, tomates.

Préchauffer le plat brunisseur 5 minutes à 100 %. Sauter au beurre les chèvres panés 30 secondes chaque côté.

Les placer sur les toasts et les passer sous le grill 3 minutes.

Placer les toasts sur la salade. Arroser de vinaigrette aux fines herbes. Disposer la garniture.

Plat brunisseur

Steak haché mexicaine

Pour le steak haché comme pour les hommes, l'Amérique ne s'arrête pas au Texas

TEMPS DE CUISSON : 9 minutes

PRÉPARATION	: 8 minutes
DIFFICULTÉ	: faible
CALORIES	: 520 Kcal
PRIX	: faible

INGRÉDIENTS POUR 2 PERSONNES

300 g de bœuf ; 100 g d'oignon ; 1 cuillerée de persil haché ; 20 g de fromage râpé ; 1 œuf ; quelques gouttes de tabasco ; 50 g de chapelure ; 5 cl d'huile d'olive ; 100 g de poivron ; sel, poivre.

Vin conseillé : *Côtes du Rhône.*

Garniture proposée : *tomate provençale et grains de maïs sautés ou riz.*

2

Hacher la viande de bœuf. Couper les oignons en petits dés et les poivrons en lanières.

Dans un saladier, mélanger la viande hachée, les oignons, le persil, le fromage râpé, l'œuf, le sel, le poivre et le tabasco (**2** et **3**).

Reformer de petits steaks. Les passer dans la chapelure.

Préchauffer le plat brunisseur 3 minutes à 100 %.

1

3

4

5

Ajouter l'huile d'olive et les steaks (**4**). Cuire au four 4 minutes à 100 %. Retourner à mi-cuisson.

Réserver les steaks au chaud.

Ajouter les poivrons dans le plat brunisseur (**5**) et cuire au four 5 minutes à 100 %.

Disposer les poivrons autour des steaks. Servir bien chaud.

Plat brunisseur
Saladier

Tartelette aux bananes

TEMPS DE CUISSON : 8 minutes

PRÉPARATION	5 minutes
DIFFICULTÉ	faible
CALORIES	290 Kcal
PRIX	faible

INGRÉDIENTS POUR 3 PERSONNES

3 fonds de tartelettes précuits ; 1 banane ; 1/2 citron ; 1 œuf ; 50 g de sucre ; 10 cl de crème liquide ; 20 g de poudre d'amande.
Boisson conseillée · *Rhum.*

Plateau tournant

Couper la banane en rondelles et les réserver dans le jus de citron.

Mélanger l'œuf battu et le sucre. Faire blanchir le mélange.

Ajouter la crème. Mélanger.

Garnir le fond des tartelettes avec la poudre d'amande.

Ajouter les rondelles de banane.

Emplir les tartelettes avec le mélange œuf-sucre-crème. Cuire au four 3 minutes à 75 % et 2 minutes à 100 %.

Faire colorer 3 minutes sous le grill de votre rôtissoire.

Médaillons de veau au roquefort

Un plat prestigieux que vous réaliserez en moins d'un quart d'heure

TEMPS DE CUISSON : 6 minutes

PRÉPARATION	: 8 minutes
DIFFICULTÉ	: faible
CALORIES	: 530 Kcal
PRIX	: élevé

Découper le filet de veau en tranches d'un centimètre et demi d'épaisseur.

Ecraser à la fourchette le roquefort et ajouter la crème. Mélanger.

Passer les médaillons dans la farine.

Préchauffer le plat brunisseur 3 minutes à 100 %.

Ajouter le beurre et les médaillons. Cuire au four 3 minutes à 100 %. Retourner à mi-cuisson. Assaisonner.

Réserver les médaillons au chaud.

Ajouter le jus de veau dans le plat brunisseur et cuire 1 minute à 100 %.

Ajouter le mélange roquefort-crème et cuire à nouveau 2 minutes à 100 %.

Napper les médaillons et décorer avec les cerneaux de noix et parfumer éventuellement avec du madère.

Plat brunisseur

INGRÉDIENTS POUR 3 PERSONNES

450 g de filet de veau ; 30 g de beurre ; 20 g de farine ; 50 g de roquefort ; 10 cl de crème fraîche épaisse ; 10 cl de jus de veau ; 3 cerneaux de noix ; sel, poivre.
Vin conseillé : *Côtes de Buzet.*
Garniture proposée : *gratin d'épinards.*

Petits feuilletés aux escargots

Nos colimaçons n'hésitent pas à sortir de leur coquille pour notre plus grand plaisir

Egoutter les escargots. Les disposer sur un papier absorbant. Les piquer et les passer au four 1 minute à puissance minimum.

Hacher finement l'ail, les échalotes et le persil.

Disposer le beurre dans une jatte et passer au four 2 minutes à 50 % pour le faire ramollir.

Mélanger intimement le beurre avec l'ail, les échalotes et le persil. Saler et poivrer.

Garnir les petites bouchées : disposer un peu de beurre composé dans chacune, puis placer 4 escargots et compléter avec du beurre.

Passer au four 2 minutes à 50 % et décorer avec du persil. Servir bien chaud.

Plat creux
Jatte

TEMPS DE CUISSON : **5 minutes**

PRÉPARATION :	**10 minutes**
DIFFICULTÉ :	**faible**
CALORIES :	**480 Kcal**
PRIX :	**moyen**

INGRÉDIENTS POUR 4 PERSONNES

12 petites bouchées précuites en pâte feuilletée ; 48 escargots petits gris ; 250 g de beurre ; 40 g d'échalote ; 1 tête d'ail ; 30 g de persil ; sel, poivre.

Vin conseillé : *Chablis.*

Noisette de veau aigre-douce

La sauce aigre-douce n'est pas le privilège de la cuisine d'Extrême-Orient. En voici la preuve

TEMPS DE CUISSON : 7 minutes	

PRÉPARATION :	9 minutes
DIFFICULTÉ :	faible
CALORIES :	460 Kcal
PRIX :	moyen

Couper les échalotes en petits dés.

Dans le bol en verre, réunir les échalotes, le sucre et le vinaigre. Cuire au four 3 minutes à 100 % pour obtenir une légère caramélisation.

Couper le filet de veau en tranches de 1,5 cm d'épaisseur.

Préchauffer le plat brunisseur 4 minutes à 100 %.

Ajouter l'huile et les tranches (noisette) de veau. Assaisonner et cuire au four 3 minutes à 100 %.

Réserver les noisettes au chaud.

Ajouter dans le plat brunisseur, le jus de citron et les échalotes caramélisées. Cuire au four 1 minute à 100 %.

Ajouter le beurre et la ciboulette hachée. Mélanger. Verser la sauce sur les noisettes.

Bol en verre
Plat brunisseur

INGRÉDIENTS POUR 3 PERSONNES

500 g de filet de veau; 5 cl d'huile; 40 g d'échalote; 10 g de sucre; 5 cl de vinaigre; 50 g de beurre; 1/2 citron; 1 pincée de ciboulette hachée; sel, poivre.
Vin conseillé : *Côtes de Brouilly.*
Garniture proposée : *pommes de terre sautées et endives braisées.*

Œufs cocotte aux crevettes

TEMPS DE CUISSON : 2 minutes 30

PRÉPARATION	: 5 minutes
DIFFICULTÉ	: moyenne
CALORIES	: 370 Kcal
PRIX	: faible

Ramequins
Plat à bain-marie

INGRÉDIENTS POUR 4 PERSONNES

8 œufs ; 20 g de beurre ; 20 cl de crème fraîche ; 100 g de crevettes surgelées décortiquées ; 5 cl de lait ; sel fin, poivre blanc.

Beurrer, puis saler et poivrer les ramequins.

Casser les œufs et percer les jaunes.

Mettre 2 œufs par ramequin et disposer ces derniers dans un plat à bain-marie rempli d'eau bouillante, et cuire 1 minute à pleine puissance et 30 secondes à 25 %.

Ajouter les crevettes égouttées et réchauffées dans un peu de lait 1 minute à 50 %.

Napper les blancs d'un cordon de crème fraîche détendue.

Décorer avec le reste de crevettes et des œufs de lump rouges.

Foie de veau lyonnaise

Un classique de la cuisine bourgeoise que vous réussirez en un rien de temps

TEMPS DE CUISSON : 7 minutes

PRÉPARATION	8 minutes
DIFFICULTÉ	faible
CALORIES	440 Kcal
PRIX	élevé

INGRÉDIENTS POUR 2 PERSONNES

2 tranches de foie de veau de 180 g chacune ; 20 g de farine ; 5 cl d'huile ; 40 g de beurre ; 150 g d'oignon ; 5 cl de vinaigre ; sel, poivre.

Vin conseillé : *Beaujolais.*

Garniture proposée : *pommes purée et tomates provençale.*

Plat brunisseur
Plat à gratin en verre

Couper les oignons en fines lamelles.

Beurrer le plat à gratin. Ajouter les oignons et cuire au four 3 minutes à 100 %. Remuer en cours de cuisson.

Préchauffer le plat brunisseur 3 minutes à 100 %.

Fariner les tranches de foie de veau.

Mettre l'huile et 20 g de beurre dans le plat brunisseur ainsi que les tranches de foie. Cuire au four 1 minute à 100 %. Retourner délicatement et cuire à nouveau 1 minute à 100 %.

Ajouter les tranches de foie aux oignons. Saler et poivrer.

Arroser de vinaigre. Chauffer à nouveau 2 minutes à 75 %. Servir aussitôt.

Aspic de saumon aux crevettes

TEMPS DE CUISSON : 2 minutes	

PRÉPARATION :	15 minutes
DIFFICULTÉ :	moyenne
CALORIES :	120 Kcal
PRIX :	élevé

Ramequins
Jatte

INGRÉDIENTS POUR 4 PERSONNES

4 tranches de saumon fumé ; 250 g de crevettes décortiquées ; 50 g de gelée en poudre ; eau (suivant les indications pour la gelée) ; 5 cl de porto ; 8 bouquets ; quelques feuilles de laitue ; cerfeuil.

1

Détailler le saumon fumé à l'aide d'un emporte-pièce de la même dimension que le fond des ramequins.

Réaliser la gelée : chauffer l'eau et la gelée 2 minutes à 100 % en fouettant toutes les 30 secondes.

La parfumer avec le porto. Laisser tiédir.

Verser un peu de gelée dans le fond de chaque ramequin.

Disposer le saumon fumé. Verser un peu de gelée (**1**).

Ajouter les crevettes et le reste du saumon taillés en petits dés (**2**).

Couvrir le tout de gelée.

Laisser prendre au réfrigérateur pendant 1 heure. Démouler.

Décorer avec le restant de gelée hachée ou taillée en losanges ; et avec les bouquets, des lanières de feuilles de laitue et des peluches de cerfeuil.

2

3

Potages et entrées

Potage parisien

TEMPS DE CUISSON : 10 minutes	

PRÉPARATION :	7 minutes
DIFFICULTÉ :	faible
CALORIES :	165 Kcal
PRIX :	faible

Eplucher, laver et tailler les légumes en paysanne (carrés de 1 cm de côté sur 2 mm d'épaisseur).

Suer (leur faire perdre leur eau) les poireaux au beurre dans une cocotte avec film fermé, au micro-ondes à pleine puissance pendant 2 minutes.

Ajouter les pommes de terre, recouvrir d'eau, assaisonner et cuire 8 minutes à pleine puissance avec couverture d'un film percé.

Laisser reposer 2 minutes avant de servir. Parsemer de pluches de cerfeuil.

INGRÉDIENTS POUR 4 PERSONNES

400 g de poireau ; 600 g de pomme de terre ; 40 g de beurre ; sel, poivre ; cerfeuil.

Soupe aux poireaux

Cocotte
Film ou couvercle

TEMPS DE CUISSON : 10 minutes	

PRÉPARATION :	10 minutes
DIFFICULTÉ :	faible
CALORIES :	180 Kcal
PRIX :	faible

Eplucher, laver et tailler les légumes.

Suer (leur faire perdre leur eau) les légumes avec du beurre, en les faisant cuire au four à micro-ondes pendant 2 minutes, à puissance maxi.

Ajouter les pommes de terre taillées en quartiers. Verser 1 litre d'eau. Assaisonner. Couvrir et faire cuire pendant 7 minutes à 100 %.

Passer au mixeur ou au moulin à légumes. Ajouter la crème fraîche. Chauffer 1 minute à 50 %. Garnir de pluches de cerfeuil.

INGRÉDIENTS POUR 4 PERSONNES

400 g de poireau ; 600 g de pomme de terre ; 30 g de beurre ; sel ; 1 l d'eau ; 15 cl de crème ; cerfeuil.

Crêpes farcies aux dés de saumon fumé

TEMPS DE CUISSON :	13 minutes

PRÉPARATION :	6 minutes
DIFFICULTÉ :	moyenne
CALORIES :	410 Kcal
PRIX :	élevé

Confectionner les crêpes de façon traditionnelle (à la poêle ou dans une crêpière).

Réaliser la sauce béchamel.

Fondre le beurre dans une jatte, ajouter la farine et le lait et cuire pendant 4 minutes à 100 %.

Détailler le saumon en dés et les mélanger aux 2/3 de la béchamel.

Fourrer les crêpes (**1**), les rouler (**2**), les disposer dans le plat préalablement beurré.

Détendre la béchamel avec le lait et la crème ; cuire au four pendant 1 minute à 100 %. Laisser reposer pendant 1 minute.

Napper les crêpes de l'appareil obtenu. Parsemer de gruyère haché (**3**). Gratiner pendant 8 minutes.

Plat à gratin
Jatte

INGRÉDIENTS POUR 4 PERSONNES

2 tranches de saumon fumé ; 35 g de farine ; 35 g de beurre ; 60 cl de lait ; 10 cl de crème fraîche ; 50 g de gruyère ; sel, poivre.

Vin conseillé : *Blanc sec.*

1

2

3

Soupe au pistou

Pas de fête provençale sans soupe au pistou. Grâce au micro-ondes, plus besoin de passer des heures à la préparer

TEMPS DE CUISSON : 24 minutes 30

PRÉPARATION :	15 minutes
DIFFICULTÉ :	faible
CALORIES :	380 Kcal
PRIX :	faible

La veille au soir, faire tremper les haricots blancs.

Eplucher, laver et tailler les légumes en dés.

Chauffer l'eau 5 minutes à pleine puissance.

INGRÉDIENTS POUR 4 PERSONNES

250 g de haricot vert; 200 g de courgette; 300 g de pomme de terre; 300 g de tomate; 100 g de haricot blanc.
Pour le pistou : 3 gousses d'ail; 30 g de basilic; 3 cuillerées à soupe d'huile d'olive.
1,25 l d'eau; 50 g de vermicelle; 60 g de gruyère râpé ou de parmesan; sel.

Plonger les légumes détaillés dans l'eau bouillante. Saler. Couvrir et cuire 15 minutes à 100 %, puis 3 minutes à 75 %.

Préparer le pistou : dans une terrine, broyer les gousses d'ail avec la pulpe de tomate et les feuilles de basilic; délayer le tout avec l'huile d'olive.

Ajouter le vermicelle au potage.

Cuire à nouveau 1 minute 30 à pleine puissance.

Verser en fouettant le potage sur le pistou.

Servir avec du gruyère ou du parmesan râpé à part.

Cocotte en verre avec couvercle
Terrine

Poireaux vinaigrette

TEMPS DE CUISSON : 12 minutes

PRÉPARATION :	13 minutes
DIFFICULTÉ :	faible
CALORIES :	120 Kcal
PRIX :	faible

INGRÉDIENTS POUR 4 PERSONNES

600 g de poireau ; 2 l d'eau ; gros sel.
Pour la vinaigrette : 5 cl de vinaigre ; 20 cl d'huile, persil et échalotes hachées ; sel.
Pour le décor : 1 œuf dur ; persil.

Eplucher, laver et cuire les poireaux dans l'eau bouillante salée à couvert 12 minutes à 100 %.

Laisser reposer 3 minutes.

Les rafraîchir et les égoutter.

Préparer la vinaigrette.

Disposer les poireaux égouttés dans le plat de service et napper avec la sauce vinaigrette.

Décorer avec des blancs et des jaunes d'œufs durs hachés et du persil.

Bien laisser refroidir avant de servir.

La vinaigrette peut être remplacée par une sauce à base de crème fraîche à 20 % détendue avec un peu de vinaigre et assaisonnée.

Cocotte avec couvercle ou film

Soupe de crustacés

Langoustines et étrilles constituent la base de cette soupe aux senteurs océanes

TEMPS DE CUISSON : 17 minutes

PRÉPARATION	11 minutes
DIFFICULTÉ	faible
CALORIES	530 Kcal
PRIX	moyen

Cocotte avec couvercle

Rincer, égoutter, couper en deux les étrilles.

Décortiquer à cru les queues de langoustines.

Eplucher, laver, émincer les légumes.

Dans une cocotte, chauffer l'huile d'olive 2 minutes à pleine puissance. Ajouter les crustacés puis les légumes, sauter 2 minutes à 100 %.

Hors du four, flamber au cognac, ajouter l'ail écrasé, la tomate, le bouquet garni. Verser l'eau ou le fumet de poisson, assaisonner, cuire à couvert 10 minutes à 100 % et mélanger 2 fois.

Laisser reposer 2 minutes.

Piler avec un mortier, puis mixer et passer.

Ajouter les queues de langoustines. Passer au four 1 minute à 100 %.

Passer au grill 2 minutes des rondelles de pain aillées ou non.

INGRÉDIENTS POUR 4 PERSONNES

1 kg d'étrille ; 400 g de langoustine ; 5 cl d'huile d'olive ; 80 g de poireau ; 80 g de carotte ; 80 g d'oignon ; 150 g de tomate ; 50 g de concentré de tomate ; 2 gousses d'ail ; 5 cl de cognac ; 1,25 l d'eau ou de fumet de poisson ; bouquet garni ; sel, poivre, safran ; 1/2 baguette ; 10 cl de crème fraîche ; 50 g de gruyère râpé.

Tarte à la moutarde et aux tomates

Quand le pays dijonnais et la Provence se rencontrent, c'est vraiment de la tarte !

TEMPS DE CUISSON : **14 minutes**

Utiliser un fond de tarte en pâte brisée précuite (ou cuire à blanc).

Essuyer les tomates, enlever le pédoncule. Les couper une partie en rondelles et l'autre en dés.

Réaliser l'appareil à crème prise salé (voir la flamiche picarde). Ajouter les dés de tomate et la moutarde. Cuire 2 minutes à pleine puissance et 3 minutes à 75 %.

Verser le tout dans le fond de tarte.

Ajouter les rondelles de tomate. Parsemer d'herbes de Provence.

Couvrir d'un film percé. Passer au four 3 minutes à 75 % et 3 minutes à 100 %, puis 3 minutes sous le grill.

PRÉPARATION :	3 minutes
DIFFICULTÉ :	faible
CALORIES :	380 Kcal
PRIX :	faible

Moule à tarte en verre
Cocotte ou jatte
Film

INGRÉDIENTS POUR 4 PERSONNES

1 fond de tarte en pâte brisée de 16 cm de diamètre ; 400 g de tomate ; 2 cuillères à soupe de moutarde forte ; 30 g de beurre ; 30 g de farine ; 40 cl de lait ; 20 cl de crème fraîche ; sel, poivre de Cayenne ; herbes de Provence.

Vin conseillé : *Cabernet d'Anjou, Rosé de Provence.*

Accompagnement proposé : *thon au naturel.*

Soupe du pêcheur

Eplucher, laver et tailler les légumes.

Habiller (**2**) et tronçonner (**3**) les poissons.

Dans une cocotte avec le beurre, ajouter les légumes. Suer 3 minutes à pleine puissance.

TEMPS DE CUISSON : **11 minutes**

PRÉPARATION	: **9 minutes**
DIFFICULTÉ	: **faible**
CALORIES	: **250 Kcal**
PRIX	: **faible**

1

2

Ajouter la farine, mélanger. Verser l'eau ou le bouillon de poisson, assaisonner, passer au four 1 minute à 50 %.

Ajouter les tronçons de poisson, l'ail, le thym, le laurier. Cuire 6 minutes à 75 %.

Ajouter la crème fraîche, les pluches de cerfeuil et les moules décortiquées, passer au four 1 minute à 100 %.

INGRÉDIENTS POUR 4 PERSONNES

2 rougets ; 1 queue de lotte ; 1 petite dorade ; 60 g de moule ; 80 g de poireau ; 80 g de carotte ; 60 g d'oignon ; 25 g de beurre ; 1,25 l de fumet de poisson ; 25 g de farine ; ail, thym, laurier, pluches de cerfeuil ; sel, poivre.

3

Terrine de foie à l'armagnac

La recette préférée des mousquetaires appréciée aussi, dit-on, en secret, de Monseigneur le Cardinal...

TEMPS DE CUISSON : **11 minutes 30**

PRÉPARATION :	**14 minutes**
DIFFICULTÉ :	**faible**
CALORIES :	**490 Kcal**
PRIX :	**moyen**

Terrine

Eliminer les parties verdâtres des foies. Macérer dans l'armagnac.

Oter les os et la couenne de la gorge de porc. Passer au mixeur avec la chair à saucisse. Mixer également la moitié des foies.

Mélanger les deux préparations, ajouter l'œuf, la crème, assaisonner.

Dans une terrine, disposer la barde de lard, une couche de farce. Ajouter les lobes de foie macérés, recouvrir avec le restant de farce. Tasser, mettre la marinade des foies. Cuire 6 minutes à pleine puissance.

Couvrir, cuire de nouveau 5 minutes et demie à 100 %.

Laisser reposer 5 minutes. Tasser.

Laisser reposer au frais au moins 3 heures avant de servir.

INGRÉDIENTS POUR 4 PERSONNES

300 g de gorge de porc ; 200 g de chair à saucisse ; 100 g de foie de volaille ; 10 cl d'armagnac ; 1 œuf ; 10 cl de crème fraîche ; 80 g de barde de lard ; sel, poivre.

Vin conseillé : *Blanc sec.*

Garniture proposée : *Cornichons, petits oignons blancs, pickles.*

Rillettes de lapereau

Pourquoi laisser au porc, au canard et à l'oie le privilège de faire de délicieuses rillettes ?

TEMPS DE CUISSON : 36 minutes	

PRÉPARATION :	23 minutes
DIFFICULTÉ :	élevée
CALORIES :	730 Kcal
PRIX :	élevé

Cocotte avec couvercle
Jatte

INGRÉDIENTS POUR 8 PERSONNES

1 lapereau ; 400 g de poitrine salée ; 200 g de lard gras ; 50 g de carotte ; 60 g d'oignon ; 20 cl de vin blanc ; 100 g de saindoux ; bouquet garni ; sel, poivre.
Vin conseillé : *rosé d'Anjou.*

1

2

3

▶

4

5

6

Détailler en morceaux le lapereau, le lard gras et la poitrine salée.

Dans une cocotte, disposer les morceaux de viande (**2**) avec les légumes détaillés. Saler et poivrer.

Mouiller avec le vin blanc et l'eau (**3**), cuire à couvert 20 minutes à pleine puissance, puis 15 minutes à 75 %. Laisser reposer 3 minutes jusqu'au niveau de la viande (**4**).

Désosser les morceaux de lapin et de poitrine.

Effilocher la viande à la fourchette (**5**) ou la passer au hachoir.

Disposer la viande dans une jatte. Tasser. Couvrir de saindoux préalablement fondu (**6**) 1 minute à 75 %.

Servir tel quel après refroidissement avec des cornichons, des petits oignons, du pain de campagne.

Sauté d'escargots aux amandes

TEMPS DE CUISSON :	17 minutes

PRÉPARATION :	5 minutes
DIFFICULTÉ :	faible
CALORIES :	730 Kcal
PRIX :	moyen

Jatte
Film

INGRÉDIENTS POUR 4 PERSONNES

4 douzaines d'escargots (petits gris) ; 100 g de poitrine de porc salée ; 100 g de jambon de montagne ; 100 g de tomate ; 100 g d'amande concassée ; 20 g de beurre ; 30 cl de vin blanc ; 10 g de farine ; 1 gousse d'ail ; bouquet garni ; persil en branches ; sel, poivre.

Vin conseillé : *Beaujolais nouveau.*

Détailler le jambon de montagne et la poitrine en dés.

Blanchir les dés de poitrine 2 minutes à pleine puissance.

Dans une jatte, chauffer le beurre. Faire revenir les dés de jambon et la poitrine 1 minute à 100 %.

Ajouter la farine. Mouiller avec le vin blanc.

Ajouter les dés de tomate, l'ail. Cuire à couvert 10 minutes à 100 %.

Verser les escargots égouttés. Mélanger, assaisonner. Cuire à nouveau 2 minutes à 75 %.

Parsemer d'amandes concassées passées au grill 2 minutes et de persil haché.

Marmite paysanne

Un plat simple qui fleure bon le terroir et la bonne cuisine d'autrefois

TEMPS DE CUISSON : **25 minutes**

Couper en petits dés poitrine salée, carotte, poireau, céleri, navet, pomme de terre (**1**).

Suer au beurre les légumes (leur faire perdre leur eau) en les plaçant pendant 5 minutes au micro-ondes à pleine puissance.

Mouiller avec de l'eau ou du bouillon de viande dans une petite marmite pouvant aller au micro-ondes. Assaisonner.

Cuire au four 10 minutes à pleine puissance, puis 10 minutes à 75 %.

Sortir du four et ajouter un morceau de beurre et des fines herbes fraîches.

PRÉPARATION	: **15 minutes**
DIFFICULTÉ	: **faible**
CALORIES	: **220 Kcal**
PRIX	: **faible**

Petite marmite

1

INGRÉDIENTS POUR 4 PERSONNES

50 g de poitrine salée ; 80 g de carotte ; 80 g de poireau ; 20 g de céleris ; 40 g de navet ; 150 g de pomme de terre ; 30 g de beurre ; sel, poivre, fines herbes. 1 l d'eau ou de bouillon de viande.

Soupe à l'oignon

TEMPS DE CUISSON : 18 minutes

PRÉPARATION	: 15 minutes
DIFFICULTÉ	: faible
CALORIES	: 250 Kcal
PRIX	: faible

Eplucher puis émincer les oignons.

Faire chauffer le plat brunisseur à puissance maxi pendant 2 minutes.

Suer les oignons dans le plat brunisseur pendant 3 minutes à puissance maxi, puis pendant 5 minutes à 75 %.

Emincer les pommes de terre et les tailler en petits dés.

Mettre les oignons dans un bol, ajouter les pommes de terre, l'assaisonnement, l'eau ou le bouillon de bœuf. Cuire au four pendant 5 minutes à puissance maxi.

Ajouter le gruyère râpé et des croûtons. Faire gratiner pendant 5 minutes sous la rampe du grill de votre four à micro-ondes, de votre rôtissoire ou dans votre four.

Plat brunisseur
Marmite en terre ou bol en porcelaine

INGRÉDIENTS POUR 4 PERSONNES

500 g d'oignon ; 250 g de pomme de terre ; 80 g de beurre ; 150 g de croûtons ; 1 l d'eau ou de bouillon ; gruyère ; sel, poivre.
Vin conseillé : Blanc 1/2 sec.

Velouté aux pointes d'asperge

TEMPS DE CUISSON : 11 minutes

PRÉPARATION	: 10 minutes
DIFFICULTÉ	: faible
CALORIES	: 290 Kcal
PRIX	: élevé

Cocotte avec couvercle
Jatte

Eplucher les asperges, les tailler en réservant les pointes.

Suer les poireaux et les asperges dans une jatte avec le beurre pendant 1 minute à puissance maxi.

Ajouter les pommes de terre et l'eau, et faire cuire avec couvercle ou film plastique pendant 7 minutes à puissance maxi.

Cuire les pointes d'asperge séparément pendant 2 minutes à puissance maxi.

Mixer le potage très finement de façon à obtenir le velouté.

INGRÉDIENTS POUR 6 PERSONNES

500 g d'asperge ; 100 g de poireau (blanc) ; 400 g de pomme de terre ; 40 g de beurre ; 10 cl de crème fraîche ; 2 œufs ; 1,5 litre d'eau ; cerfeuil, sel, poivre.

Ajouter la crème et deux jaunes d'œufs. Cuire pendant 1 minute à mi-puissance.

Parsemer de pointes d'asperges égouttées et de pluches de cerfeuil.

Minestrone

TEMPS DE CUISSON : 19 minutes

Eplucher et laver les légumes. Les tailler en paysanne (gros dés).

Dans une cocotte, mettre la moitié du lard haché. Le faire fondre en passant au four 2 minutes à pleine puissance. Réserver.

Mettre les légumes dans la cocotte, les faire revenir 2 minutes à 100 % (**2**).

Ajouter l'eau (**3**) et la deuxième moitié du lard. Couvrir et cuire 10 minutes à 100 %.

PRÉPARATION	10 minutes
DIFFICULTÉ	faible
CALORIES	350 Kcal
PRIX	faible

Cuire séparément les spaghettis, 2 minutes à 100 % ; les haricots verts tronçonnés et les petits pois 2 minutes à pleine puissance dans un peu d'eau.

Tailler les spaghettis. Les ajouter dans le potage avec le reste de la garniture et les lardons revenus en cocotte. Passer au four 1 minute à 100 %.

Avant de servir, ajouter l'ail, le persil haché et la tomate concassée.

INGRÉDIENTS POUR 4 PERSONNES

100 g de lard frais ; 180 g d'oignon ; 100 g de poireau ; 100 g de carotte ; 50 g de céleri ; 40 g de fenouil. Pour la garniture : 50 g de tomate ; 30 g de haricot vert ; 30 g de spaghetti ou de riz ; 20 g de petits pois ; 1 gousse d'ail ; 10 g de persil.

Cocotte avec couvercle

1

2

3

Flan Dubarry aux langoustines

TEMPS DE CUISSON : 17 minutes

PRÉPARATION	: 5 minutes
DIFFICULTÉ	: faible
CALORIES	: 420 Kcal
PRIX	: élevé

Plat à bords hauts en verre avec couvercle
Moule à savarin en verre

INGRÉDIENTS POUR 6 PERSONNES

12 langoustines fraîches; 200 g de crevettes roses ou de bouquets surgelés; 1 chou-fleur; 300 g de pomme de terre; 50 g de beurre, 4 œufs; 50 cl de sauce américaine; sel, poivre.
Vin conseillé : *Chablis.*

Nettoyer et laver les légumes. Eplucher et couper les pommes de terre en quartiers.

Pocher le chou-fleur en bouquet avec les pommes de terre pendant 5 minutes à puissance maxi.

Cuire les langoustines au court-bouillon et à couvert pendant 2 minutes à puissance maxi.

Egoutter le chou-fleur et les pommes de terre. Ecraser en purée, et lier aux œufs. Assaisonner.

Verser la purée dans un moule à savarin beurré.

Cuire au four pendant 5 minutes à 50 % et pendant 5 minutes à 75 %.

Laisser reposer quelques minutes. Démouler le flan dans le plat de service. Décorer de langoustines et de crevettes roses. Ajouter au centre la sauce américaine chaude.

CONSEILS DE DÉCONGÉLATION

Congelez après avoir démoulé, lorsque le flan est déjà refroidi. En revanche, il est toujours souhaitable de replacer dans le moule pour décongeler. Réglez le four à micro-ondes à 25 % de puissance, et décongelez lentement pendant 25 minutes à 1 heure.

Œuf en gelée

Retrouver le meilleur de l'œuf poché grâce au micro-ondes !

TEMPS DE CUISSON : **4 minutes 30**

PRÉPARATION :	**10 minutes**
DIFFICULTÉ :	**faible**
CALORIES :	**135 Kcal**
PRIX :	**faible**

Réaliser la gelée de façon traditionnelle ou verser la gelée en poudre dans l'eau chaude et mélanger. Cuire 3 minutes à 100 % en fouettant toutes les 30 secondes.

En faire couler un peu dans le fond de chaque ramequin.

Disposer le décor et laisser prendre 15 minutes au réfrigérateur.

Cuire les œufs pochés dans une jatte avec de l'eau bouillante salée 1 minute 30 à pleine puissance.

Les rafraîchir, les égoutter et les disposer dans chaque ramequin.

Remplir de gelée. Laisser prendre au frais environ 1 heure.

Démouler et décorer avec des losanges de gelée claire et foncée et du persil en branche.

Ce plat doit être préparé à l'avance pour laisser à la gelée le temps de prendre.

Jatte
Ramequins

INGRÉDIENTS POUR 4 PERSONNES

8 œufs ; 130 g de gelée en poudre ; 2 l d'eau.
Pour le décor : losanges de poireau, tomate ou poivron ; 20 g de persil en branche.
***Vin conseillé :** Gamay de Touraine ou Pinot gris.*
***Accompagnement proposé :** jambon de Paris.*

Soupe à l'ail

Eplucher et laver les légumes.

Emincer les oignons. Suer les légumes à l'huile 2 fois 1 minute à pleine puissance.

Ajouter les gousses d'ail après avoir retiré le germe, les pommes de terre en dés, assaisonner, mouiller à l'eau, cuire 12 minutes à puissance maxi.

Mixer. Ajouter quelques rondelles de pain séché, des fines herbes, et de la menthe fraîche.

TEMPS DE CUISSON : 14 minutes

PRÉPARATION	5 minutes
DIFFICULTÉ	faible
CALORIES	60 Kcal
PRIX	faible

INGRÉDIENTS POUR 4 PERSONNES

100 g d'oignon, 60 g d'ail ; 600 g de pomme de terre ; 10 cl d'huile ; 1/2 baguette ; sauge ; fines herbes ; menthe fraîche ; sel, poivre.

Soupe à la tomate

TEMPS DE CUISSON : 11/12 minutes

PRÉPARATION	8 minutes
DIFFICULTÉ	faible
CALORIES	120 Kcal
PRIX	faible

Cocotte
Film percé

Monder les tomates (retirer la peau) pendant 30 secondes à puissance maxi

Eplucher et laver carotte et oignon. Les émincer.

Suer les légumes au beurre avec la poitrine coupée en dés.

Ajouter la tomate concassée, la farine, le concentré, l'ail et passer au four 1 minute à 75 %.
Mouiller, assaisonner, recouvrir d'un film percé et cuire 8 minutes à 100 %.

Laisser reposer 2 minutes. Passer au mixeur. Garnir de dés de tomates et de pluches de cerfeuil.

INGRÉDIENTS POUR 4 PERSONNES

500 g de tomate ; 50 g de carotte ; 80 g d'oignon ; 100 g de poitrine salée ; 20 g de beurre ; 1 cuillère à soupe de concentré de tomate ; 25 g de farine ; 1 gousse d'ail ; sel, poivre.

Moules d'Espagne en habit vert

Un plat délicieux très apprécié de nos académiciens

TEMPS DE CUISSON :	10 minutes

PRÉPARATION :	20 minutes
DIFFICULTÉ :	moyenne
CALORIES :	410 Kcal
PRIX :	faible

INGRÉDIENTS POUR 4 PERSONNES

2 kg de moules d'Espagne ; 20 g d'échalote ; 20 g de beurre ; 30 cl de vin blanc ; 200 g d'épinards en branches ; 30 cl de crème fraîche ; persil, sel, poivre.

Vin conseillé : Blanc de blanc.

1

2

3

4

Cocotte en verre avec couvercle
Jatte

Gratter et laver les moules dans plusieurs eaux. Les égoutter.

Hacher les échalotes. Dans une cocotte, les suer au beurre 1 minute à 100 %.

Ajouter les moules et le vin blanc. Assaisonner. Couvrir et cuire 3 minutes à 100 % en remuant plusieurs fois en cours de cuisson.

Blanchir les feuilles d'épinards dans l'eau bouillante en les passant au four 1 minute à 100 %. Les égoutter (**2**).

Décortiquer les moules (**3**). Les entourer d'une feuille d'épinard (**4**).

Les disposer dans un plat beurré. Verser la cuisson filtrée des moules et passer au four 2 minutes à 50 %. Retourner à mi-cuisson.

Passer la cuisson et ajouter la crème. Assaisonner et mélanger. Cuire cette sauce 3 minutes à 100 % et la verser sur les moules.

Remettre les moules dans les coquilles. Napper de sauce et décorer avec du persil.

Salade niçoise

TEMPS DE CUISSON : **18 minutes 30**

PRÉPARATION :	**10 minutes**
DIFFICULTÉ :	**faible**
CALORIES :	**460 Kcal**
PRIX :	**moyen**

INGRÉDIENTS POUR 4 PERSONNES

300 g de pomme de terre ; 200 g de haricots verts ; 1 poivron vert ou rouge ; 200 g de tomate ; 100 g de thon ou de saumon à l'huile ; 8 olives noires niçoises ; 8 filets d'anchois ; 10 cl d'huile d'olive ; 7 cl de vinaigre ; sel, poivre.

Cocotte
Plat creux

Laver, piquer et cuire les pommes de terre dans une cocotte avec un peu d'eau 8 minutes à 100 %.

Les laisser refroidir, les éplucher et les tailler en rondelles.

Cuire les haricots verts dans l'eau bouillante salée en les passant au four 10 minutes à 100 %. Les rafraîchir et les égoutter.

Piquer les tomates et les passer au four 30 secondes à 100 % pour pouvoir enlever la peau facilement. Les tailler en quartiers.

Tailler le poivron en fines lanières.

Dresser les salades.

Tapisser de feuilles de laitue et disposer séparément les composants.

Quadriller avec les filets d'anchois. Arroser de vinaigrette à l'huile d'olive. Décorer avec des quartiers d'œufs durs cuits de façon traditionnelle et avec des olives dénoyautées.

Velouté Montorgueil

Une soupe de grande classe alliant la saveur des légumes à la douceur de la volaille

Eplucher les légumes et tailler en lamelles les carottes, les navets et le céleri.

Dans une cocotte, suer avec 20 g de beurre ces trois légumes 2 minutes à 100 %.

Ajouter les deux tiers de bouillon bouillant. Assaisonner, couvrir et cuire 6 minutes à 100 %.

Ajouter les petits pois et les haricots verts. Cuire de nouveau 4 minutes à 100 %.

Laisser reposer 3 minutes.

Dans une jatte, mélanger le beurre restant et la farine. Cuire 1 minute à 100 %.

Ajouter le bouillon restant. Mélanger et cuire 2 minutes à 100 %.

Verser dessus le bouillon avec les légumes. Ajouter la crème fraîche. Mélanger délicatement et cuire 1 minute à 75 %.

Ajouter les feuilles d'oseille taillées en fines lanières et des peluches de cerfeuil. Servir.

Cocotte avec couvercle
Jatte

TEMPS DE CUISSON : **16 minutes**

PRÉPARATION :	15 minutes
DIFFICULTÉ	: faible
CALORIES	: 270 Kcal
PRIX	: faible

INGRÉDIENTS POUR 4 PERSONNES

1,25 l de bouillon de volaille ; 50 g de beurre ; 30 g de farine ; 50 g de carotte ; 50 g de navet ; 50 g de céleri ; 50 g de petits pois ; 50 g de haricots verts ; 20 cl de crème fraîche ; 20 g d'oseille ; peluches de cerfeuil, sel.

Potage Cormeilles

PRÉPARATION :	14 minutes
DIFFICULTÉ	: faible
CALORIES	: 210 Kcal
PRIX	: faible

INGRÉDIENTS POUR 4 PERSONNES

400 g de pomme de terre ; 400 g de haricots verts ; 1,25 l d'eau ; 60 g d'oignon ; 30 g de beurre ; 50 g de poireau ; 10 cl de crème fraîche ; peluches de cerfeuil ; sel.

Eplucher, laver et tailler les légumes.

Suer au beurre les oignons et les poireaux taillés en fines lamelles 2 minutes à 100 %.

Ajouter les pommes de terre en gros dés, et les haricots verts.

Mélanger et ajouter l'eau bouillante. Saler, couvrir et cuire 12 minutes à 100 %.

Laisser reposer 4 minutes. Passer au mixeur.

Mélanger avec la crème. Ajouter les dés de haricots verts et des peluches de cerfeuil.

TEMPS DE CUISSON : **14 minutes**

Cocotte en verre avec couvercle

Œufs pochés mignon

TEMPS DE CUISSON : 19 minutes 30

1

INGRÉDIENTS POUR 4 PERSONNES

4 artichauts ; 1 citron ; 10 g de farine ; 0,5 l d'eau.
Pour la sauce crevettes : 30 g de beurre ; 50 g d'oignon ; 50 g de carotte ; 100 g de crevettes décortiquées ; 25 g de concentré de tomate ; 5 cl de cognac ; 10 cl de vin blanc ; 40 cl de fumet de poisson ; bouquet garni ; 1 gousse d'ail ; sel, poivre.
4 œufs ; 2 cl de vinaigre ; 40 g de petits pois cuits ; 4 olives noires ; persil.
***Vin conseillé :** Sauvignon.*

PRÉPARATION	10 minutes
DIFFICULTÉ	: élevée
CALORIES	: 530 Kcal
PRIX	: moyen

Equeuter, laver et tourner les fonds d'artichauts (opération délicate). Les citronner.

Délayer 10 g de farine dans l'eau. Porter à ébullition en passant au four 2 minutes à 100 %.

Ajouter les fonds d'artichauts (**2**). Assaisonner, couvrir et cuire 7 minutes à 100 %.

Eplucher, laver et tailler en petits dés les carottes et les oignons.

Jatte
Cocotte
Film

2

Dans une cocotte, suer au beurre les carottes, les oignons et les trois quarts des crevettes décortiquées 3 minutes à 100 %.

Hors du four, flamber au cognac.

Ajouter le concentré de tomate, le vin blanc, le fumet de poisson, le bouquet garni, l'ail, le sel et le poivre. Couvrir et cuire 2 minutes à 100 %, puis 4 minutes à 75 %.

Laisser reposer 3 minutes.

Passer la sauce au mixeur, puis au tamis.

Pocher les œufs dans l'eau vinaigrée 30 secondes à 100 %. Rafraîchir.

Disposer dans les fonds d'artichauts, le restant des crevettes décortiquées, les petits pois, les œufs pochés. Napper avec la sauce tiède.

Passer au four 1 minute à 100 % pour réchauffer.

Décorer avec les olives noires et le persil. Servir aussitôt.

Aspic d'huîtres

TEMPS DE CUISSON : **4 minutes**

Mettre les huîtres sur un lit de gros sel dans un plat à bord haut. Passer au four 3 minutes à pleine puissance pour les faire ouvrir.

Les décortiquer et les éponger.

Réaliser la gelée. Ajouter le Madère.

Tailler les carottes en rondelles et/ou en petites billes. Les cuire dans l'eau en les passant au four 1 minute à 100 %. Les égoutter.

Verser un peu de gelée dans le fond d'un bol rond. Laisser prendre la gelée et tapisser le moule harmonieusement avec les carottes.

Verser à nouveau un peu de gelée. Laisser prendre pendant 30 minutes.

Ajouter les huîtres et verser le restant de gelée. Placer au réfrigérateur.

Démouler lorsque l'ensemble est bien pris. Décorer et servir bien frais.

Plat à bord haut
Jatte ou bol rond

PRÉPARATION	: **15 minutes**
DIFFICULTÉ	: **faible**
CALORIES	: **130 Kcal**
PRIX	: **moyen**

INGRÉDIENTS POUR 2 PERSONNES

2 douzaines d'huîtres n° 3; 150 g de carotte; 30 g de gelée blanche en poudre; 0,5 l d'eau; 5 cl de Madère; gros sel.
Pour le décor : tomates; persil; citron; feuilles de salade.
Vin conseillé : *rosé de Provence.*

Terrine de lapereau et de poulet

TEMPS DE CUISSON : 50 minutes

PRÉPARATION	: 23 minutes
DIFFICULTÉ	: moyenne
CALORIES	: 610 Kcal
PRIX	: moyen

INGRÉDIENTS POUR 8 PERSONNES

1,6 kg de poulet et de lapin ; 350 g d'épaule de veau ; 150 g de poitrine salée ; 100 g de couenne de lard ; 50 g d'échalote ; 0,5 l de vin blanc ; bouquet garni ; 20 g de persil ; sel, poivre.

Vin conseillé : *Chablis ou Bourgueil.*

Accompagnement proposé : *salade verte ou composée.*

Couper la viande et la poitrine en morceaux.

Les mélanger avec le hachis de persil et d'échalotes.

Disposer le tout dans une jatte ou une terrine. Assaisonner.

Mouiller avec le vin blanc. Recouvrir avec la couenne et poser le bouquet garni. Couvrir. Cuire 30 minutes à 100 %.

Remuer et cuire de nouveau 20 minutes à 75 %.

Laisser reposer 15 minutes. Eliminer les os du lapin et de la volaille.

Remplir la terrine par couches en alternant les viandes. Tasser et ajouter le jus de cuisson.

Recouvrir et laisser refroidir 1 nuit au réfrigérateur.

Jatte ou
Terrine avec couvercle

Consommé de volaille glacé

TEMPS DE CUISSON :	60 minutes

PRÉPARATION	:	5 minutes
DIFFICULTÉ	:	faible
CALORIES	:	140 Kcal
PRIX	:	faible

Cocotte en verre avec couvercle

INGRÉDIENTS POUR 6 PERSONNES

1 poule ; 400 g de poireau ; 100 g de carotte ; 100 g de navet ; 50 g de céleri en branche ; 80 g d'oignon ; bouquet garni ; gros sel ; 3 l d'eau ; 160 g de tomate ; 1 citron ; cerfeuil ; sel, poivre.

Vider, laver l'intérieur de la volaille, la ficeler.

Dans une cocotte, disposer la volaille dans l'eau tiède salée au gros sel. Porter à ébullition en chauffant 10 minutes à pleine puissance.

Ecumer, ajouter les légumes, poireaux, bouquet garni et céleri attachés ; carottes et oignons entiers. Assaisonner. Cuire à couvert 10 minutes à 100 %, puis 40 minutes à 75 %.

Filtrer délicatement le bouillon, dégraisser. Laisser refroidir.

Ajouter la pulpe de tomate passée à la moulinette et le jus d'un citron.

Dresser dans des tasses ou des bols. Laisser au réfrigérateur.

Parsemer de peluches de cerfeuil et de dés de volaille avant de servir.

Gaspacho

TEMPS DE CUISSON : 3 minutes 30

PRÉPARATION :	14 minutes
DIFFICULTÉ :	faible
CALORIES :	270 Kcal
PRIX :	moyen

Cocotte en verre
Jatte
Plat brunisseur

INGRÉDIENTS POUR 4 PERSONNES

2 concombres ; 400 g de tomate ; 150 g de poivron vert ; 1 petit piment doux ; 30 g de céleri branches ; 160 g d'oignon rouge ; 2 citrons ; 15 cl d'huile d'olive ; 50 g d'échalote ; 4 gousses d'ail ; 1 bouquet de cerfeuil et de ciboulette ; 2 œufs durs ; 2 tranches de pain de mie ; sel, poivre.

Passer les tomates au four 30 secondes à pleine puissance pour en enlever la peau. Les épépiner et les couper en dés.

Eplucher, couper en deux, épépiner et tailler en dés les concombres.

Tailler finement le piment, le céleri branches, les poivrons et les oignons.

Les passer au mixeur avec seulement la moitié des tomates et des concombres. Mélanger, assaisonner et cuire 2 minutes à pleine puissance.

Mettre les échalotes hachées et l'ail pilé dans une jatte. Verser 10 cl d'huile en fin filet, tout en mélangeant avec un fouet.

Mélanger au potage refroidi. Ajouter le jus des citrons et éventuellement un peu de bouillon froid si le potage est trop consistant. Placer au réfrigérateur.

Préchauffer le plat brunisseur 5 minutes à 100 %. Faire dorer à l'huile les dés de pain de mie en les y laissant 1 minute à 100 %.

Séparer le blanc du jaune des œufs durs. Ecraser les jaunes à la fourchette. Hacher les blancs.

Servir très froid dans des tasses le gaspacho parsemé de cerfeuil et de ciboulette hachés.

Présenter les différentes garnitures à part : dés de concombres, dés de tomates, croûtons ; blancs et jaunes d'œufs durs.

Calmars à l'américaine

TEMPS DE CUISSON : 24 minutes

PRÉPARATION	: 12 minutes
DIFFICULTÉ	: faible
CALORIES	: 580 Kcal
PRIX	: moyen

Plat brunisseur
Jatte ou cocotte avec couvercle

INGRÉDIENTS POUR 4 PERSONNES

800 g de calmar ou blanc de seiche ; 10 cl d'huile d'olive ; 250 g d'oignon ; 60 g d'échalote ; 60 g de concentré de tomate ; 50 cl de vin blanc sec (on peut utiliser de la sauce américaine en boîte à la place du concentré de tomate et du vin blanc) ; 4 gousses d'ail ; 5 cl de cognac ; bouquet garni ; persil en branche ; cerfeuil ; estragon ; sel, poivre de Cayenne.
Vin conseillé : *Sylvaner.*
Accompagnement proposé : *riz créole.*

Laver et détailler en lamelles les blancs de seiche.

Chauffer le plat brunisseur 4 minutes à pleine puissance.

Faire blondir l'huile d'olive, l'oignon et l'échalote hachés 2 minutes à 100 %.

Ajouter les calmars par moitié. Les faire sauter (pour les colorer) chaque fois 1 minute à 100 %.

Hors du four, flamber au cognac. Verser le tout dans une jatte ou une cocotte.

Ajouter le concentré de tomate délayé avec le vin blanc, l'ail écrasé, le bouquet garni. Saler et poivrer.

Cuire avec couvercle 5 minutes à 100 % et 15 minutes à 75 % en remuant de temps en temps.

Laisser reposer 3 minutes.

Servir bien chaud et parsemer de persil, estragon et cerfeuil hachés.

Caviar d'aubergines

TEMPS DE CUISSON : 8 minutes

Plat creux

PRÉPARATION	: 10 minutes
DIFFICULTÉ	: faible
CALORIES	: 270 Kcal
PRIX	: faible

Disposer les aubergines lavées et essuyées dans un plat creux.

Cuire au four en les retournant à mi-cuisson 2 minutes à pleine puissance et 6 minutes à 75 %.

Pendant ce temps, dénoyauter les olives, les piler avec les gousses d'ail et l'huile d'olive.

Couper les aubergines en deux, récupérer la pulpe et la passer au mixeur.

Mélanger la purée d'aubergine et le hachis d'olive. Arroser de jus de citron. Assaisonner.

Décorer avec le persil en branche et des olives dénoyautées. Servir très frais.

INGRÉDIENTS POUR 4 PERSONNES

4 aubergines ; 60 g d'olives noires ; 3 gousses d'ail ; 20 cl d'huile d'olive ; 1 citron ; 20 g de persil en branche ; sel, poivre.
Vin conseillé : *rosé de Provence.*
Accompagnement proposé : *rondelles d'œuf dur, quartiers de tomate.*

Potage du jardinier

Un potage d'autrefois, qui demanderait des heures en cuisson traditionnelle

TEMPS DE CUISSON : 35 minutes

PRÉPARATION	10 minutes
DIFFICULTÉ	faible
CALORIES	370 Kcal
PRIX	faible

Laisser tremper les haricots pendant 3 heures.

Les faire blanchir dans une jatte avec de l'eau à couvert en les passant au four 15 minutes à 100 %.

Eplucher, laver et tailler finement le cœur de céleri, les tomates, les carottes et les blancs de poireaux.

Dans une cocotte, suer au beurre ces légumes en les passant au four 5 minutes à 100 %.

Ajouter les haricots blanchis et égouttés.

Verser l'eau bouillante. Couvrir et cuire 5 minutes à 100 %, puis 10 minutes à 75 %.

Saler en fin de cuisson et laisser reposer 3 minutes.

Ajouter une noisette de beurre frais et quelques peluches de cerfeuil.

Pendant la saison, utiliser des haricots frais.

INGRÉDIENTS POUR 4 PERSONNES

320 g de haricots blancs ; 50 g de cœur de céleri branches ; 200 g de tomate ; 200 g de carotte ; 100 g de blanc de poireau ; 30 g de beurre ; 1,25 l d'eau ; peluches de cerfeuil ; sel.

Jatte
Cocotte avec couvercle
Film

Feuilleté d'œufs brouillés aux champignons

TEMPS DE CUISSON : 8 minutes

PRÉPARATION	: 2 minutes
DIFFICULTÉ	: moyenne
CALORIES	: 370 Kcal
PRIX	: faible

Jatte
Film
Plat creux

INGRÉDIENTS POUR 4 PERSONNES

4 feuilletés ; 8 œufs ; 40 g de beurre ; 10 cl de lait ; 10 cl de crème ; 150 g de champignon ; persil en branche ; sel, poivre.

Réaliser les feuilletés de façon traditionnelle ou les acheter prêts à l'emploi.

Eplucher, laver et cuire à l'eau les champignons avec le beurre et le sel 2 minutes à pleine puissance.

Battre les œufs en omelette avec le lait. Assaisonner.

Hacher les 4/5 des champignons et les mélanger avec les œufs battus.

Verser dans un plat creux beurré. Couvrir et cuire 2 minutes à 100 %.

Fouetter et cuire à nouveau 4 minutes à 50 % en remuant toutes les 30 secondes.

Ajouter la crème fraîche. Laisser reposer.

Garnir les feuilletés. Décorer avec des champignons émincés et des petits bouquets de persil.

Salade égyptienne

TEMPS DE CUISSON : 16 minutes 30	

PRÉPARATION :	10 minutes
DIFFICULTÉ :	faible
CALORIES :	330 Kcal
PRIX :	moyen

1

INGRÉDIENTS POUR 4 PERSONNES

200 g de riz ; 40 g d'oignon ; 15 g de beurre ; 100 g de foie de volaille ; 1 tranche de jambon de Paris ; 180 g de tomate ; 50 g de petits pois ; 30 cl de vinaigrette ; quelques feuilles de laitue et de menthe fraîche ; 1 piment oiseau ; sel, poivre.

Suer au beurre les oignons taillés en dés 1 minute 30 à 100 %.

Ajouter le riz. Mélanger et verser l'eau bouillante (deux fois le volume du riz). Remuer, couvrir et cuire 10 minutes à 100 %.

Laisser reposer 3 minutes. Refroidir le riz.

Préchauffer le plat brunisseur 5 minutes à 100 %.

Y déposer les dés de foies de volailles piqués et cuire avec le beurre 1 minute à 100 %.

Les ajouter au riz (**2**) ainsi que le jambon, les tomates taillées en dés et les petits pois. Cuire 4 minutes à 100 %.

Rafraîchir. Verser la sauce vinaigrette. Mélanger et rectifier l'assaisonnement.

Dresser sur un plat avec en pourtour des lanières de feuilles de laitue et parsemer de feuilles de menthe hachées et de losanges de piment oiseau.

Plat brunisseur
Jatte
Plat creux avec couvercle

2

Bisque de langoustines

TEMPS DE CUISSON : 29 minutes

PRÉPARATION :	25 minutes
DIFFICULTÉ :	moyenne
CALORIES :	320 Kcal
PRIX :	moyen

INGRÉDIENTS POUR 4 PERSONNES

500 g d'étrille ; 400 g de langoustine ; 1,5 l de fumet de poisson ; 100 g de carotte ; 100 g d'oignon ; 80 g de fenouil ; 300 g de tomate ; 2 cuillerées à soupe de concentré de tomate ; 1 gousse d'ail ; cognac ; sel, poivre.

Accompagnement proposé : *croûtons aillés ou non, crème fraîche, gruyère râpé.*

Eplucher, laver et émincer les légumes.

Habiller les poissons. Confectionner le fumet en cuisant au four 15 minutes à pleine puissance.

Décortiquer les queues de langoustines à cru.

Sauter à l'huile 3 minutes à 100 % les étrilles coupées en deux et les carapaces des langoustines.

Hors du four, flamber au cognac.

Ajouter la tomate, et le concentré de tomate, mouiller avec le fumet et cuire 10 minutes à pleine puissance.

Ailler. Passer la bisque au mixeur, puis à la passoire.

Porter à ébullition 1 minute à 100 %, ajouter les queues de langoustines.

Soupe à l'oseille

TEMPS DE CUISSON : 13 minutes

PRÉPARATION :	3 minutes
DIFFICULTÉ :	faible
CALORIES :	120 Kcal
PRIX :	faible

Eplucher et laver les légumes.

Suer au beurre les oignons, et l'oseille 1 minute à pleine puissance.

Ajouter les pommes de terre coupées en quartiers.

Mouiller d'eau, saler, et cuire 12 minutes à 100 % en remuant deux fois pendant la cuisson.

Passer au mixeur.

Ajouter une chiffonnade (l'oseille coupée en fines lanières, étuvée au beurre), avant de servir.

INGRÉDIENTS POUR 4 PERSONNES

100 g d'oseille ; 600 g de pomme de terre ; 80 g d'oignon ; 30 g de beurre.

Cocotte ou grande jatte

4

Poissons et crustacés

Barbue aux huîtres

1

PRÉPARATION	: 10 minutes
DIFFICULTÉ	: faible
CALORIES	: 420 Kcal
PRIX	: moyen

TEMPS DE CUISSON : 12 minutes

Plat à gratin en verre avec couvercle

Déposer les barbues dans un plat beurré (**2**). Ajouter les échalotes, l'assaisonnement et le vin blanc.

Couvrir et mettre au four pendant 4 minutes à pleine puissance. Laisser reposer.

Cuire les huîtres dans leur coquille pendant 2 minutes à pleine puissance (**3**).

Déposer les barbues sur les assiettes de service.

Ajouter la crème au jus de cuisson. Cuire au four pendant 4 minutes à pleine puissance.

Dresser. Garnir une huître sur deux de sauce blanche et de tomate concassée.

Réchauffer assiette par assiette pendant 2 minutes à mi-puissance. Servir la sauce à part.

INGRÉDIENTS POUR 2 PERSONNES

2 petites barbues de 400 g ; 6 huîtres ; 50 g de beurre ; 30 g d'échalote ; 300 g de tomate concassée ; 20 cl de vin blanc sec ; 25 cl de crème épaisse ; sel, poivre.
Vin conseillé : *Pouilly fuissé.*
Garniture proposée : *Pommes vapeur.*

2

3

Haddock poché aux poires

Toute la saveur du haddock conservée grâce à la cuisson au four à micro-ondes

TEMPS DE CUISSON : 16 minutes

PRÉPARATION	: 3 minutes
DIFFICULTÉ	: moyenne
CALORIES	: 680 Kcal
PRIX	: moyen

Pocher le haddock dans du lait allongé d'eau pendant 5 minutes à pleine puissance en couvrant d'un film plastique.

Pocher les poires, au sirop pendant 6 minutes à pleine puissance en couvrant d'un film plastique.

Egoutter puis émincer les poires en lamelles.

Confectionner un beurre fondu : faire chauffer l'eau et le jus de citron pendant 1 minute à pleine puissance ; ajouter le beurre fractionné en deux fois en chauffant 2 minutes à mi-puissance ; puis la crème fraîche en fouettant et en chauffant pendant 2 minutes à 75 %. Saler.

Egoutter le haddock. Le disposer sur le plat de service avec un fond de sauce. Placer les poires harmonieusement.

Plat à bord haut
Jatte
Film

INGRÉDIENTS POUR 4 PERSONNES

400 g de haddock ; 1 verre de lait ; 1 l d'eau ; 1/2 citron ; 200 g de beurre ; 100 g de crème fraîche ; 200 g de poire ; 100 g de sucre ; sel.

Vin conseillé : *Gros Plant Nantais.*

Garniture proposée : *Riz.*

Raie au beurre noir et aux câpres

TEMPS DE CUISSON : 11 minutes

PRÉPARATION	: 3 minutes
DIFFICULTÉ	: faible
CALORIES	: 570 Kcal
PRIX	: faible

INGRÉDIENTS POUR 4 PERSONNES

1,2 kg de raie.
Pour le court-bouillon : 80 g de carotte ; 100 g d'oignon ; bouquet garni ; 1 gousse d'ail ; sel.
200 g de beurre ; 1 cuillère à soupe de vinaigre ; 50 g de câpres ; 20 g de persil ; sel, poivre.
***Vin conseillé :** Rosé de Provence.*
***Garniture proposée :** Légumes vapeur.*

Laver la raie, l'égoutter et la détailler si nécessaire.

Réaliser un court-bouillon en passant 3 minutes à pleine puissance.

Pocher à couvert (film percé) les morceaux de raie ou les ailerons dans le court-bouillon 3 minutes à 100 %. Laisser reposer.

Réaliser le beurre noir : mettre le beurre fractionné dans une jatte chauffée (eau chaude), passer au four 2 minutes à pleine puissance.

Mélanger, remettre à cuire 3 minutes à 75 % (surveiller la coloration).

Ajouter le vinaigre et fouetter, assaisonner.

Egoutter la raie. Parsemer de câpres égouttées.

Napper de beurre noir.

Cocotte
Jatte

Paupiette de Saint-Pierre

TEMPS DE CUISSON :	4 minutes

PRÉPARATION :	17 minutes
DIFFICULTÉ	: moyenne
CALORIES	: 310 Kcal
PRIX	: faible

INGRÉDIENTS POUR 4 PERSONNES

2 Saint-Pierre ; 2 merlans ; 15 cl de crème fraîche ; 1 blanc d'œuf ; 10 g de beurre ; sel, poivre.
Vin conseillé : *Sancerre.*

Habiller les poissons. Les laver. Lever les filets et les faire dégorger.

Confectionner la mousseline (voir le turbotin soufflé p. 6).

Dans les ramequins beurrés sur les pourtours, disposer les filets de Saint-Pierre ; la mousseline au centre. Tasser.

Couvrir avec un film percé. Pocher au bain-marie 4 minutes à pleine puissance.

Laisser reposer 2 minutes.

Décorer avec des olives noires.

Terrine de Saint-Jacques aux langoustines

PRÉPARATION :	14 minutes
DIFFICULTÉ	: faible
CALORIES	: 315 Kcal
PRIX	: élevé

TEMPS DE CUISSON :	10 minutes

Moule ou terrine

INGRÉDIENTS POUR 4 PERSONNES

2 merlans ; 14 noix de Saint-Jacques ; 8 langoustines ; 2 blancs d'œufs ; 25 cl de crème fraîche ; sel, poivre.

Réaliser une mousseline : passer au mixeur, puis au tamis la chair de merlan et les noix de Saint-Jacques ; incorporer les blancs d'œufs et la crème fouettée. Assaisonner.

Remplir au tiers une terrine avec la mousseline. Ajouter les queues de langoustine et les coraux des Saint-Jacques. Recouvrir avec la farce. Tasser.

Couvrir avec un film percé. Pocher 10 minutes à 75 % (ajouter 5 minutes si le moule est grand).

Laisser reposer 2 minutes. Démouler. Décorer avec les têtes de langoustines.

Effiloché de morue à la catalane

Poisson des mers nordiques, la morue est l'un des plats traditionnels de la cuisine méditerranéenne

TEMPS DE CUISSON : 20 minutes	

PRÉPARATION :	5 minutes
DIFFICULTÉ :	faible
CALORIES :	480 Kcal
PRIX :	faible

1

2

3

4

5

6

INGRÉDIENTS POUR 4 PERSONNES

300 g de morue salée; 800 g de pomme de terre; 80 g d'oignon; 60 g de poivron; 5 cl d'huile d'olive; 40 cl de sauce tomate; 1 gousse d'ail écrasé; bouquet garni; 100 g d'olive noire; poivre.

Cocotte avec couvercle

Dessaler la morue pendant au moins 3 heures.

Pocher dans l'eau 2 minutes à pleine puissance. Effilocher.

Suer à l'huile les pommes de terre coupées en rondelles, les oignons et les poivrons 3 minutes à 100 %.

Dans une cocotte, disposer les oignons et les poivrons (**1**). Ajouter les pommes de terre (**2**), puis la sauce tomate (**3**), les olives noires dénoyautées (**4**), l'ail écrasé, le poivre et le bouquet garni. Cuire à couvert 8 minutes à 100 %.

Ajouter la morue effilochée (**5**), mélanger délicatement. Cuire à nouveau, à couvert 7 minutes à 100 % en remuant une fois à mi-cuisson.

Laisser reposer 2 minutes.

Garnir avec des croûtons frits et du persil haché.

Matelote d'anguille bordelaise

INGRÉDIENTS POUR 4 PERSONNES

600 g de tronçons d'anguille de rivière; 5 cl d'huile.
Pour le court-bouillon au vin rouge : 50 g d'échalote ciselée; 50 g de blanc de poireau; bouquet garni; 40 cl de vin rouge; sel, poivre.
Pour le beurre manié : 20 g de beurre; 20 g de farine.
Pour la garniture : 10 g de persil; 150 g de champignon; feuilles de thym; laurier haché.

Plat brunisseur
Plat à gratin en verre

TEMPS DE CUISSON : 15 minutes

PRÉPARATION :	8 minutes
DIFFICULTÉ :	faible
CALORIES :	650 Kcal
PRIX :	moyen

Rassembler tous les éléments du court-bouillon dans le plat à gratin. Couvrir d'un film percé. Cuire au four 5 minutes à pleine puissance.

Préchauffer le plat brunisseur 3 minutes à 100 %. Colorer les tronçons d'anguille huilés 2 minutes à 0 %. Puis les cuire 3 minutes à 100 %.

Ajouter les tronçons dans le court-bouillon ainsi que les champignons émincés. Couvrir. Cuire au four 3 minutes à 100 %.

Enlever les morceaux d'anguille. Réserver au chaud.

Ajouter le beurre manié (beurre et farine) dans le fond de cuisson. Mélanger. Cuire au four sans couvercle 2 minutes à pleine puissance.

Terminer la sauce en ajoutant le thym, le laurier et le persil; elle peut être adoucie par une cuillerée de crème fraîche.

Verser la sauce sur les tronçons d'anguille. Servir.

Ragoût de calmars

TEMPS DE CUISSON : 10 minutes	

PRÉPARATION :	15 minutes
DIFFICULTÉ	: faible
CALORIES	: 350 Kcal
PRIX	: faible

Couper les blancs de calmars en fines lanières. Laver et égoutter.

Dans le plat à gratin, verser l'huile d'olive et les oignons émincés. Suer 2 minutes à pleine puissance.

Ajouter les lanières de calmar. Cuire à couvert 3 minutes à 100 %.

Ajouter l'ail, le bouquet garni, le sel, le poivre et la sauce tomate (**2**). Couvrir et cuire au four 3 minutes à 100 %.

Laisser reposer 10 minutes.

Préparer un beurre composé avec des fines herbes hachées (persil, cerfeuil, estragon).

Incorporer le beurre dans la sauce des calmars (**3**).

Réchauffer l'ensemble au four 2 minutes à 75 %. Servir.

INGRÉDIENTS POUR 4 PERSONNES

600 g de petit calmar (plus tendre) ; 50 g d'oignon ; 50 cl de sauce tomate ; 5 cl d'huile d'olive ; 50 g de beurre ; 2 gousses d'ail ; bouquet garni ; 20 g de persil ; quelques feuilles de cerfeuil et d'estragon ; sel, poivre.

Vin conseillé : *Rosé de Provence.*

Accompagnement proposé : *riz créole.*

Plat à gratin en verre
Film

1

2

3

Suprême de turbot Dugléré

Un classique de la bonne cuisine française, adapté au micro-ondes

Préparer les filets de turbot (vous pouvez gagner du temps en achetant des filets prêts à cuire), les dégorger dans l'eau.

Disposer sur le plat à gratin beurré le sel, le poivre, les échalotes et les oignons en petits dés, la tomate concassée à cru, le persil concassé.

Poser les filets de turbot épongés sur cette garniture, ajouter le vin blanc (**2**) et le fumet de poisson. Couvrir d'un film percé. Cuire au four 4 minutes à pleine puissance.

Retourner les filets à mi-cuisson.

Disposer les filets directement sur le plat de service. Réduire au four le jus de cuisson 2 minutes à 100 %.

Incorporer le beurre dans le jus de cuisson (**3**). Mélanger.

Verser la sauce obtenue sur le poisson.

TEMPS DE CUISSON : 6 minutes	

PRÉPARATION	:	20 minutes
DIFFICULTÉ	:	faible
CALORIES	:	360 Kcal
PRIX	:	moyen

1

Plat à gratin en verre

2

3

INGRÉDIENTS POUR 4 PERSONNES

Turbot entier de 1,2 kg ; 100 g de beurre ; 20 g d'échalote ; 50 g d'oignon ; 400 g de tomate ; 5 cl de vin blanc ; 20 cl de fumet de poisson ou d'eau ; 20 g de persil ; sel, poivre.

Vin conseillé : *Muscadet.*

Filet de maquereau froid à la basquaise

Les Basques savent tout faire chanter :
même le maquereau des mers froides

TEMPS DE CUISSON : 11 minutes

PRÉPARATION :	17 minutes
DIFFICULTÉ	: faible
CALORIES	: 550 Kcal
PRIX	: faible

Eplucher, laver et tailler les légumes.

Chauffer le plat brunisseur 4 minutes à pleine puissance.

Faire sauter les légumes dans l'huile d'olive 2 minutes à 100 %.

Les verser dans une jatte. Ajouter le bouquet garni, l'ail et la tomate concassée. Assaisonner. Cuire à couvert (film percé) 5 minutes à 100 %.

Vider et laver les maquereaux.

Les disposer dans un plat creux. Mouiller au vin blanc et à l'eau.

Ajouter les rondelles de citron. Assaisonner. Pocher 4 minutes à pleine puissance.

Laisser refroidir dans la cuisson.

Egoutter les maquereaux. Enlever l'arête (**1**).

Dresser les filets sur un lit de basquaise (l'ensemble des légumes).

Décorer avec le persil en branche et le citron.

Plat brunisseur
Jatte
Film
Plat creux

INGRÉDIENTS POUR 4 PERSONNES

4 maquereaux ; 1 poivron rouge, 1 poivron vert ; 150 g de courgette ; 150 g d'aubergine ; 300 g de tomate ; 60 g d'oignon ; 30 cl de vin blanc.
1 gousse d'ail ; 10 cl d'huile d'olive ; persil en branche ; 2 citrons ; sel, poivre.
***Vin conseillé :** Muscadet.*
***Garniture proposée :** pommes vapeur.*

1

2

Rougets camarguaise

TEMPS DE CUISSON : 8 minutes

PRÉPARATION	: 21 minutes
DIFFICULTÉ	: faible
CALORIES	: 230 Kcal
PRIX	: moyen

INGRÉDIENTS POUR 4 PERSONNES

4 rougets de roche ; 10 cl d'huile d'olive ; 1 citron ; 1 dose de pastis ; graines de fenouil ; feuilles de sauge ; sel, poivre.

***Vin conseillé :** Tavel.*

Plat creux
Papier sulfurisé

Vider, laver, couper les nageoires et éponger les poissons.

Les faire macérer avec des graines de fenouil, les feuilles de sauge, le jus de citron, le pastis, le sel et le poivre pendant 10 minutes.

Découper une feuille de papier sulfurisé (surtout pas de papier d'aluminium). La lustrer avec l'huile d'olive. Former des papillottes : enfermer chaque poisson dans une feuille huilée (**2** et **3**).

Faire cuire 2 minutes à 100 %. Les retourner. Cuire à nouveau 2 fois 3 minutes à 75 % en les retournant à mi-cuisson.

Laisser reposer 1 minute. Servir tel quel avec du citron.

1

2

3

Filets de dorade antillaise

TEMPS DE CUISSON : **24 minutes 30**

PRÉPARATION :	**42 minutes**
DIFFICULTÉ :	**moyenne**
CALORIES :	**670 Kcal**
PRIX :	**moyen**

Vider, écailler et laver les poissons. Lever les filets des dorades. Les faire macérer avec l'ail dans le jus de citron 30 minutes.

Dans une cocotte, suer avec 10 g de beurre les poireaux, les carottes, et 40 g d'oignon 3 minutes à pleine puissance.

Ajouter le piment, les arêtes des poissons, le vin blanc, le bouquet garni, l'eau. Assaisonner, couvrir et cuire 10 minutes à 100 %.

Laisser reposer 2 minutes. Filtrer le fumet.

Enlever la peau des tomates en les passant au four 30 secondes à pleine puissance. Les couper en deux, les presser et les hacher. Assaisonner.

Les faire fondre dans une jatte avec l'huile d'olive 3 minutes à 100 %.

Faire fondre 20 g de beurre 1 minute à 100 % dans un plat creux, ajouter le reste des oignons. Cuire 1 minute à 100 %.

Ajouter la farine, mélanger. Incorporer la fondue de tomate et le fumet. Disposer les filets de dorade ; saupoudrer de paprika. Couvrir et cuire 3 minutes à 100 % et 3 minutes à 75 %.

Laisser reposer 2 minutes. Servir avec du persil en branche.

INGRÉDIENTS POUR 4 PERSONNES

2 dorades de 600 g ; 20 cl de vin blanc sec ; 1 citron ; 3 gousses d'ail ; 50 g de blanc de poireau ; 60 g de carotte ; 100 g d'oignon ; 25 cl d'eau ; bouquet garni ; 8 piments de Cayenne ; 10 cl d'huile d'olive ; 400 g de tomate ; 30 g de beurre ; 20 g de farine ; persil en branche ; sel, paprika.
Vin conseillé : *rosé de Bandol.*
Garniture proposée : *riz créole.*

Cocotte en verre
Plat creux
Jatte
Film

Crabes farcis au velouté de champignons

TEMPS DE CUISSON : 24 minutes

PRÉPARATION	10 minutes
DIFFICULTÉ	moyenne
CALORIES	650 Kcal
PRIX	moyen

INGRÉDIENTS POUR 4 PERSONNES

4 petits tourteaux ou 2 gros.
Pour le court-bouillon : 2 l d'eau ; 50 g de carotte ; 60 g d'oignon ; bouquet garni ; 8 grains de poivre ; gros sel.
200 g de champignon ; 40 g de beurre ; 20 g de farine ; 20 cl de lait ; 10 cl de crème fraîche ; 1 jaune d'œuf ; 30 g de gruyère râpé ; 20 g de chapelure ; sel, poivre.
Vin conseillé : *Chablis.*

1

2

3

4

Cuire les tourteaux (**2**) dans le court-bouillon bouillant 13 minutes à pleine puissance.

Laisser refroidir, décortiquer et récupérer la chair (**3**).

Eplucher, laver et hacher les champignons. Les faire cuire dans une jatte avec le beurre, le sel et le poivre 2 minutes à 100 %.

Confectionner le velouté : cuire la farine et le beurre 2 minutes à pleine puissance, ajouter le lait, fouetter, mettre la crème fraîche, le jaune d'œuf, assaisonner et cuire 2 minutes à 75 %.

Ajouter la chair des tourteaux et les champignons. Mélanger intimement.

Remplir les coffres de tourteaux (**4**). Parsemer de gruyère râpé et de chapelure. Gratiner 5 minutes.

Cocotte avec couvercle
Jatte

Filets de sole aux morilles

TEMPS DE CUISSON : 20 minutes

PRÉPARATION :	10 minutes
DIFFICULTÉ :	moyenne
CALORIES :	620 Kcal
PRIX :	élevé

Vider, laver et lever les filets des soles.

Eplucher, laver les morilles. Les faire mariner dans une jatte avec le madère. Les couvrir avec un film percé, les pocher 1 minute à 100 % et 2 minutes à 75 %.

Dans un plat creux beurré, disposer les filets de sole sur les échalotes ciselées.

Mouiller avec le vin blanc, le fumet de poisson et le jus de cuisson des morilles. Assaisonner. Couvrir avec un film percé. Pocher 2 minutes à 100 % et 4 minutes à 75 %.

Passer la cuisson dans une jatte. Réduire de moitié en passant au four 5 minutes à pleine puissance.

Ajouter la crème fraîche. Mélanger. Réduire à nouveau 5 minutes à 75 % en fouettant.

Dresser les filets de sole. Napper de sauce. Disposer les morilles autour des filets. Réchauffer 1 minute à 75 %.

INGRÉDIENTS POUR 4 PERSONNES

4 soles ; 80 g de morille ; 10 g de beurre ; 20 g d'échalote ; 10 cl de vin blanc ; 50 cl de fumet de poisson ; 5 cl de madère ; 20 cl de crème fraîche.
Vin conseillé : *Sancerre.*
Garniture proposée : *pommes vapeur.*

Carpe au vin rouge

TEMPS DE CUISSON : 13 minutes	

PRÉPARATION	:	10 minutes
DIFFICULTÉ	:	faible
CALORIES	:	580 Kcal
PRIX	:	moyen

Plat à gratin en verre
Film

1 

2 

3 

INGRÉDIENTS POUR 2 PERSONNES

1 carpe de 500 g ; 250 g d'oignon ; 30 g de farine ; 50 cl de vin rouge ; 50 g de beurre ; bouquet garni ; 1 pincée de sucre ; 1 clou de girofle ; quelques pincées de 4 épices ; sel, poivre.
Vin conseillé : *Sancerre rouge.*
Garniture proposée : *pommes nature.*

Préparer les carpes (**1**). Couper les oignons en fines lamelles.

Suer les oignons dans le plat à gratin avec 30 g de beurre 5 minutes à 100 %. Remuer en cours de cuisson.

Ajouter la farine (**2**). Mélanger. Cuire au four 1 minute à pleine puissance.

Ajouter le vin rouge, le bouquet garni, le sucre, le clou de girofle, les 4 épices, le sel et le poivre. Cuire au four 3 minutes à 100 %. Ajouter la carpe (**3**). Couvrir d'un film percé. Cuire au four 4 minutes à 100 %. Retourner à mi-cuisson. Laisser reposer 5 minutes.

Incorporer le reste du beurre dans la sauce, rectifier l'assaisonnement selon le goût. Retirer la peau des carpes avant de les servir.

Gratin de queues d'écrevisses

Une manière très originale d'accommoder le plus fin de nos crustacés d'eau vive

TEMPS DE CUISSON : 14 minutes	

PRÉPARATION :	6 minutes
DIFFICULTÉ	: faible
CALORIES	: 530 Kcal
PRIX	: élevé

INGRÉDIENTS POUR 4 PERSONNES

1 kg d'écrevisses ; 40 g de beurre ; 5 cl de cognac.
Pour le velouté d'écrevisse : les têtes et les carapaces d'écrevisses ; 50 g de carotte ; 50 g d'oignon ; 50 g de poireau ; 20 g de beurre ; 20 cl de vin blanc ; 5 cl de cognac ; 0,5 l d'eau.
Pour le roux : 30 g de beurre ; 30 g de farine.
20 cl de crème fraîche ; sel, poivre ; 50 g de gruyère râpé.
Vin conseillé : *Chablis.*

Châtrer et décortiquer à cru les queues d'écrevisses.

Réserver quelques têtes pour la décoration.

Dans une cocotte, sauter avec le beurre, les queues d'écrevisses 1 minute à pleine puissance.

Hors du four, flamber et égoutter.

Suer les légumes émincés 1 minute à 100 % pour qu'ils perdent leur eau.

Ajouter les carapaces. Hors du four, flamber.

Mouiller avec le vin blanc et l'eau, assaisonner et cuire 5 minutes à 100 %. Piler et mixer.

Réaliser le roux : fondre le beurre 1 minute à 100 % et mélanger avec la farine. Verser la cuisson passée en fouettant pour bien lier.

Ajouter la crème fraîche. Réduire en passant au four 3 minutes à 100 %.

Ajouter les queues d'écrevisses, parsemer de gruyère râpé. Gratiner sous le grill 3 minutes.

Avant de servir, décorer avec quelques têtes.

Acras de morue

Une façon d'accommoder la morue qui sent bon les îles et la mer des Caraïbes

1

2

TEMPS DE CUISSON : 24 minutes

PRÉPARATION :	10 minutes
DIFFICULTÉ	: moyenne
CALORIES	: 1 090 Kcal
PRIX	: faible

Cocotte
Jattes

INGRÉDIENTS POUR 4 PERSONNES

400 g de morue.
Pour la pâte à frire : 200 g de farine ; 1 œuf ; 10 cl de bière ; 15 cl d'eau ou de lait.
8 gousses d'ail ; 5 cl d'huile d'olive ; 2 blancs d'œufs ; 40 cl d'huile pour friture ; poivre de Cayenne.
***Boisson conseillée :** Riesling ou Punch.*

Dessaler la morue en la passant dans plusieurs eaux.

Confectionner la pâte à frire.

Disposer la morue dans une cocotte. Mettre de l'eau à hauteur. Porter à ébullition 5 minutes à 100 %. Laisser pocher 3 minutes à 75 %.

Emietter la morue (**2**). Passer au mixeur avec l'ail, l'huile d'olive et le poivre de Cayenne. Mélanger à la pâte à frire (**3**).

3

4

5

Ajouter les blancs montés en neige ferme.

Chauffer l'huile 4 minutes à pleine puissance.

Plonger des boulettes d'appareil de la grosseur d'une noix, 4 minutes à 0% (**4**). Egoutter sur du papier absorbant.

Refaire chauffer l'huile 4 minutes à pleine puissance.

Replonger les acras pour les colorer 4 minutes à 0% (**5**).

Servir sans attendre avec une sauce relevée.

Truite en gelée

TEMPS DE CUISSON : 3 minutes

PRÉPARATION :	20 minutes
DIFFICULTÉ :	élevée
CALORIES :	460 Kcal
PRIX :	moyen

Préparer les truites.

Couper les carottes et les oignons en rondelles.

Disposer dans le plat à gratin les truites, les carottes et les oignons. Ajouter le bouquet garni, le vin blanc, le poivre, le sel et 20 cl d'eau.

Couvrir d'un film percé. Cuire au four 3 minutes à 100%. Retourner délicatement à mi-cuisson.

Laisser reposer jusqu'à complet refroidissement.

Enlever la peau des truites sur les deux faces sans en abîmer la chair.

Réserver au frais sur une grille. Préparer la gelée en se conformant au mode d'utilisation. La parfumer au porto blanc.

La refroidir jusqu'à ce qu'elle devienne nappante, juste avant durcissement.

Napper les truites à plusieurs reprises.

Décorer les truites selon votre inspiration. Ce plat peut être préparé la veille, et aussi avec d'autres poissons, ici, au centre un filet de turbot.

Plat à gratin en verre
Film

INGRÉDIENTS POUR 2 PERSONNES

2 truites de 250 g; 100 g de carotte; 50 g d'oignon; 10 cl de vin blanc; bouquet garni; poivre en grains; sel; 20 cl d'eau.
0,25 l de gelée en poudre; quelques gouttes de porto blanc.
Pour le décor : citron; carotte; persil; feuilles d'estragon; cerfeuil.
***Vin conseillé :** Riesling.*
***Accompagnement proposé :** sauce tartare, toasts grillés, salade de cresson légèrement aillée.*

Dorade farcie au fenouil

TEMPS DE CUISSON :	9 minutes

PRÉPARATION :	10 minutes
DIFFICULTÉ :	moyenne
CALORIES :	520 Kcal
PRIX :	moyen

Plat à gratin en verre
Plat creux en terre
Film

INGRÉDIENTS POUR 2 PERSONNES

1 dorade de 500 g ; 30 g d'échalote ; 1 fenouil ; 5 cl d'huile d'olive ; 30 g de beurre ; 2 cuillerées à potage de béchamel épaisse ; quelques gouttes de pastis ; sel, poivre.

Vin conseillé : *vin blanc de Cassis.*

Garniture proposée : *pommes de terre nature.*

Préparer la dorade en prenant soin de ne pas l'ouvrir complètement sur le ventre. Saler et poivrer l'intérieur.

Enlever la peau de la dorade avant de lever les filets.

Couper l'échalote en petits dés, le fenouil en fines lamelles.

Confectionner la béchamel.

Réunir dans le plat creux, le fenouil, les échalotes, le beurre et 10 cl d'eau. Assaisonner.

Couvrir d'un film percé. Cuire 5 minutes à 100 %. Egoutter le tout et hacher grossièrement.

Ajouter la béchamel et bien mélanger, puis aromatiser avec le pastis.

Farcir la dorade avec la purée obtenue. La déposer dans le plat à gratin beurré.

Arroser avec l'huile d'olive. Couvrir d'un film percé et cuire 4 minutes à 100 %. Retourner à mi-cuisson.

Laisser reposer 5 minutes et servir aussitôt.

Sardines catalane

TEMPS DE CUISSON : 8 minutes

Emincer les oignons et les poivrons.

Préparer les sardines : les vider et les laver. Préparer la tomate concassée.

Huiler le plat à gratin. Ajouter les oignons et les poivrons. Cuire au four 5 minutes à pleine puissance.

Ajouter l'ail haché, le sel, le poivre puis les sardines (**2**). Ajouter la tomate concassée en bouquets (petites cuillerées non étalées) (**3**).

PRÉPARATION :	10 minutes
DIFFICULTÉ	: faible
CALORIES	: 440 Kcal
PRIX	: faible

Plat à gratin en verre
Film

Cuire l'ensemble au four, à couvert (film percé) 3 minutes à pleine puissance.

Hacher la ciboulette, les anchois et les olives vertes.

Parsemer les sardines de ce mélange et servir aussitôt.

INGRÉDIENTS POUR 3 PERSONNES

750 g de sardines fraîches ; 5 cl d'huile ; 100 g d'oignon ; 100 g de poivron ; 150 g de tomate concassée ; 20 g d'anchois à l'huile ; 3 gousses d'ail ; 1 cuillerée à café de ciboulette hachée ; 6 olives vertes ; sel, poivre.

***Vin conseillé** : Vin rosé d'Espagne.*

***Garniture proposée :** rondelles d'oignons frits et pommes de terre cuites à la braise ou en robe des champs.*

1 

2 

3 

Harengs à la crème de moutarde

TEMPS DE CUISSON : 6 minutes

PRÉPARATION	: 5 minutes
DIFFICULTÉ	: faible
CALORIES	: 720 Kcal
PRIX	: faible

1

INGRÉDIENTS POUR 2 PERSONNES

2 harengs de 250 g chacun ; 30 g de beurre ; 20 g d'échalote ; 20 cl de crème fraîche épaisse ; 1 cuillerée à potage de moutarde blanche ; 40 g de cornichon ; 5 cl de vin blanc ; sel, poivre.

Vin conseillé : *Mâcon blanc.*

Garniture proposée : *pommes de terre en robe des champs.*

2

3

Préparer les harengs : les vider et les faire dégorger sous l'eau.

Les égoutter et les saler légèrement à l'intérieur. Laisser reposer 1 heure.

Beurrer le plat à gratin. Ajouter les échalotes coupées en petits dés. Assaisonner.

Ajouter les harengs. Couvrir avec un film percé et cuire au four 4 minutes à pleine puissance. Retourner à mi-cuisson.

Couper les cornichons en filaments.

Dans un bol, mélanger les cornichons, le vin blanc et la crème fraîche épaisse (**2**). Cuire au four 2 minutes à 100 %.

Ajouter la moutarde (**3**). Mélanger. Rectifier l'assaisonnement.

Dresser les harengs sur une assiette. Servir la sauce à part.

Plat à gratin en terre
Bol en terre
Film

Gratin de sardine au fenouil

TEMPS DE CUISSON : 21 minutes

PRÉPARATION	9 minutes
DIFFICULTÉ	faible
CALORIES	410 Kcal
PRIX	faible

INGRÉDIENTS POUR 4 PERSONNES

600 g de sardine (16 à 20 pièces) ; 150 g de fenouil; 180 g de tomate ; 100 g de carotte ; 2 citrons ; 10 cl d'huile d'olive ; 20 g de persil ; 5 cl de vin blanc ; 60 g de chapelure ; 80 g d'oignon ; bouquet garni ; sel, poivre.

Faire chauffer le plat brunisseur avec 5 cl d'huile 4 minutes à 100 %. Vider, laver et éponger les sardines.

Colorer les sardines dans le plat brunisseur 1 minute à 100 %. Réserver et éponger.

Dans un plat long et creux avec le reste de l'huile, ajouter les légumes taillés finement (carotte, fenouil, tomate). Faire suer 3 minutes à 100 % pour leur faire perdre l'eau.

Ajouter le vin blanc, le bouquet garni, le jus de citron et l'assaisonnement. Cuire de nouveau 3 minutes à 100 %.

Remuer et disposer les sardines. Cuire 1 minute à 100 %.

Les retourner et parsemer de chapelure. Passer 6 minutes au grill.

Décorer avec des demi-tranches de citron et du persil.

Plat brunisseur
Plat creux long

Truite corrézienne

Derrière chaque pierre des ruisseaux corréziens,
il y a dit-on une truite !
Cette recette nous vient tout droit de là-bas

▶

1

2

TEMPS DE CUISSON : 7 minutes

PRÉPARATION :	5 minutes
DIFFICULTÉ :	faible
CALORIES :	580 Kcal
PRIX :	moyen

Vider et nettoyer les truites à l'eau courante.

Couper les échalotes en petits dés, les champignons en lamelles et l'oseille en chiffonnade (petites lanières).

Beurrer le plat creux. Ajouter le sel et le poivre. Poser les échalotes, les champignons de Paris et les grisets, ainsi que la chiffonnade d'oseille (**2**).

Ajouter les truites. Arroser de vin blanc (**3**) et de jus de citron (**4**).

Couvrir avec un film percé. Cuire 4 minutes à pleine puissance. Retourner à mi-cuisson.

Laisser reposer 2 minutes.

Retirer les truites du plat et les éplucher (**5**).

Ajouter la crème fraîche dans le plat.

Passer au four 3 minutes à 100 % pour faire réduire.

Rectifier éventuellement l'assaisonnement. Napper les truites avec la sauce.

Plat creux en verre
Film

INGRÉDIENTS POUR 2 PERSONNES

2 truites de 250 g chacune ; 20 g de beurre ; 50 g de champignon de Paris ; 50 g de petits grisets en boîte ; 20 g d'échalote ; 10 cl de vin blanc ; 15 cl de crème fraîche épaisse ; 4 feuilles d'oseille ; 1/2 citron ; sel, poivre.
Vin conseillé : *Pinot gris.*
Garniture proposée : *pommes nature ou terrine de légumes chaude.*

3

4

5

Noisette de lotte aux deux poivres

Toute la subtilité du plus fin des poissons rehaussée par la force des deux poivres

Couper les oignons et la tomate en petits dés.

Préchauffer le plat brunisseur 4 minutes à 100 %. Couper le filet de lotte en tranches de 2 cm d'épaisseur. Aplatir légèrement, avec la paume de la main ou à l'aide d'un grand couteau.

Saler les noisettes et les passer dans la farine.

Ajouter le beurre et les noisettes dans le plat brunisseur. Cuire 3 minutes à 100 %. Retourner à mi-cuisson.

Enlever les noisettes et réserver au chaud.

Ajouter la tomate et les oignons dans le plat brunisseur. Suer au four 2 minutes à 100 %.

Ajouter les deux poivres et la crème. Cuire la sauce 2 minutes à 100 %.

Napper les noisettes avec la sauce. Saupoudrer de persil haché. Servir.

INGRÉDIENTS POUR 2 PERSONNES

400 g de filet de lotte ; 20 g de farine ; quelques grains de poivre vert et rose ; 30 g de beurre ; 40 g d'oignon ; 1/2 tomate ; 1 pincée de persil ; 15 cl de crème épaisse ; sel.

Vin conseillé : Bourgogne blanc.

Accompagnement proposé : *riz nature ou flan d'épinard.*

TEMPS DE CUISSON : 7 minutes

PRÉPARATION	9 minutes
DIFFICULTÉ	faible
CALORIES	520 Kcal
PRIX	moyen

Plat brunisseur

Darnes de saumon grillées sauce hollandaise

Bien qu'il préfère l'Ecosse, le saumon s'accommode fort bien de la sauce hollandaise

TEMPS DE CUISSON : **14 minutes 30**

PRÉPARATION :	**18 minutes**
DIFFICULTÉ :	**faible**
CALORIES :	**730 Kcal**
PRIX :	**élevé**

INGRÉDIENTS POUR 4 PERSONNES

4 tranches de saumon; 10 cl d'huile; 1 citron; 20 g de carotte; 30 g d'oignon; 2 œufs; 1/2 citron; 120 g de beurre; 1 cuillère à soupe d'eau; sel, poivre.

Plat brunisseur
Jatte
Grand récipient en verre

Laver et éponger les tranches de saumon. Les ficeler.

Mettre à macérer dans l'huile et le jus de citron avec les carottes et les oignons. Assaisonner.

Chauffer le plat brunisseur 5 minutes à pleine puissance. Poser les darnes dans le plat 1 minute. Recommencer l'opération pour la deuxième face. Egoutter sur papier absorbant.

Réaliser la sauce hollandaise : dans une jatte, mettre l'eau ; chauffer 1 minute à 100 % ; ajouter le jaune d'œuf fouetté ; chauffer 40 secondes à 25 % ; fouetter de nouveau ; chauffer 20 secondes à 50 % ; disposer dans un bain-marie ; cuire 3 fois 1 minute 30 en ajoutant à chaque fois un tiers du beurre fractionné et en émulsionnant vigoureusement ; verser le jus de citron ; assaisonner.

Passer les darnes au four 3 minutes à pleine puissance et 3 minutes au grill avant de dresser.

Sole soufflée aux olives

Préparer la farce : hacher au cutter les filets de merlan bien épongés.

Ajouter le sel, le poivre et les blancs d'œufs crus. Mélanger et incorporer la crème.

Couper les olives en rondelles et les incorporer également.

Réserver la farce au frais.

Préparer la sole : enlever les peaux noire et blanche. Lever les filets sans les détacher de la sole (**1**).

Enlever l'arête centrale (**2**) et garnir l'intérieur du poisson avec la farce. Refermer les filets.

Beurrer le plat à gratin, le saler et le poivrer.

TEMPS DE CUISSON : **4 à 8 minutes**

PRÉPARATION	: **20 minutes**
DIFFICULTÉ	: **élevée**
CALORIES	: **460 Kcal**
PRIX	: **élevé**

Plat à gratin en verre
Film

Ajouter les échalotes taillées en petits dés et y déposer la sole farcie.

Ajouter le vin blanc et 10 cl d'eau. Couvrir d'un film percé et cuire au four 2 minutes à 75 %, puis 2 minutes à 100 %.

Laisser reposer 5 minutes.

Ce plat peut être servi nature ou avec une sauce vin blanc.

Pour la sauce : récupérer le jus de cuisson du poisson. Ajouter 10 cl de crème fraîche épaisse et cuire au four 4 minutes à 100 %.

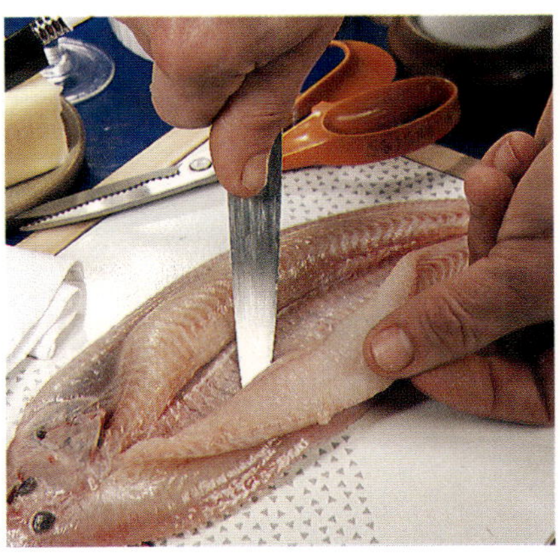

1

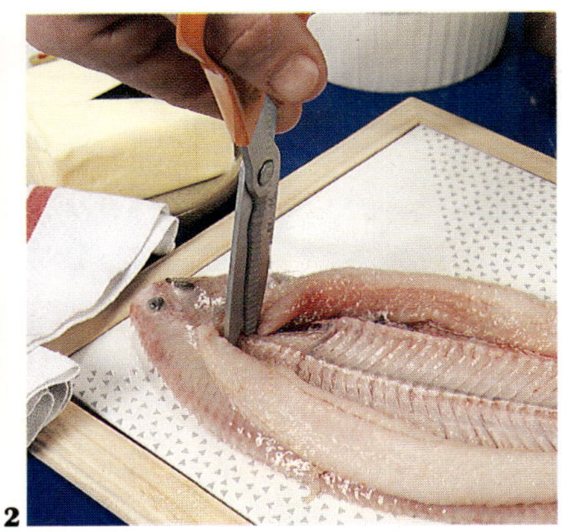

2

INGRÉDIENTS POUR 2 PERSONNES

1 sole de 500 g ; 30 g de beurre ; 20 g d'échalote ; 10 cl de vin blanc.
Pour la farce : 150 g de filets de merlan ; 2 blancs d'œufs ; 1 cuillerée à potage de crème épaisse ; 10 olives vertes farcies au poivron.
Pour la sauce : 10 cl de crème fraîche épaisse.
Sel, poivre.
***Vin conseillé :** Sauvignon de Saint-Bris.*
***Garniture proposée :** pommes nature.*

Raie aux échalotes confites

TEMPS DE CUISSON : 17 minutes	

PRÉPARATION :	10 minutes
DIFFICULTÉ :	faible
CALORIES :	680 Kcal
PRIX :	moyen

Plat creux
Jatte
Film

INGRÉDIENTS POUR 4 PERSONNES

800 g d'aile de raie.
Pour le court-bouillon : 1 l d'eau ; 10 cl de vin blanc ; 60 g de carotte ; 80 g d'oignon ; bouquet garni ; 1 gousse d'ail ; sel.
300 g d'échalote ; 30 g de beurre ; 30 cl de crème fraîche ; cerfeuil.

Laver la raie et la tronçonner en portions.

Réaliser le court-bouillon.

Eplucher les échalotes et les disposer dans une jatte avec 5 cl d'eau salée et le beurre. Couvrir et cuire 6 minutes à 100 %, puis 4 minutes à 50 %.

Pocher la raie dans le court-bouillon bouillant 5 minutes à 100 %.

Laisser reposer.

Faire réduire la crème fraîche en la passant au four 2 minutes à 100 % en remuant plusieurs fois en cours de cuisson. Assaisonner.

Egoutter la raie et la disposer sur assiette avec un cordon de crème et les échalotes confites autour. Décorer avec le cerfeuil et présenter le reste de sauce à part.

Limande aux crevettes grises

2

TEMPS DE CUISSON : 9 minutes

PRÉPARATION	10 minutes
DIFFICULTÉ	faible
CALORIES	520 Kcal
PRIX	faible

1

Plat à gratin en verre
Film

Préparer les limandes. Les vider, les rincer et les éponger.

Beurrer le plat à gratin. Ajouter les échalotes taillées en petits dés, le sel et le poivre.

Ajouter les limandes. Arroser de vin blanc. Couvrir avec un film percé et cuire 4 minutes à 100 %.

Retirer les limandes et réserver sur le plat de service.

Ajouter les tomates coupées en dés dans le plat de cuisson (**2**) et cuire 2 minutes à 100 %.

Ajouter les crevettes et la crème. Cuire l'ensemble 3 minutes à pleine puissance.

Incorporer le reste de beurre et le persil haché dans la sauce.

Enlever la peau supérieure des limandes avant de les napper de sauce. Servir aussitôt.

INGRÉDIENTS POUR 4 PERSONNES

2 limandes de 500 g chacune ; 50 g de beurre ; 10 cl de vin blanc ; 30 g d'échalote ; 100 g de crevettes décortiquées ; 15 cl de crème fraîche épaisse ; 100 g de tomate ; 1 cuillerée à café de persil ; sel, poivre.

Dorade au vin blanc

TEMPS DE CUISSON : 5 minutes 30

PRÉPARATION :	9 minutes
DIFFICULTÉ :	faible
CALORIES :	280 Kcal
PRIX :	moyen

INGRÉDIENTS POUR 4 PERSONNES

2 dorades grises de 500 g ; 100 g d'oignon ; 200 g de tomate ; 100 g de champignon ; 20 g de beurre ; thym, laurier, romarin, estragon, assaisonnement ; 20 cl de vin blanc.

Vin conseillé : *Muscadet sur lie.*

Garniture proposée : *riz, pommes vapeur.*

Plat creux à bord haut
Film

Éplucher et laver les légumes.

Habiller la dorade. En inciser la chair de façon à en faciliter la cuisson.

Monder (peler) les tomates en les ayant plongées dans l'eau bouillante (30 secondes à puissance maxi) puis en les plongeant dans l'eau froide. Les couper en rondelles.

Emincer les oignons et les champignons.

Dans un plat beurré, disposer les légumes autour de la dorade. Mouiller au vin blanc. Parsemer d'herbes aromatiques. Assaisonner.

Couvrir d'un film percé. Cuire pendant 5 minutes à puissance maxi.

Laisser reposer 3 minutes avant de servir.

Filets de sole Boistelle

TEMPS DE CUISSON : 17 minutes

PRÉPARATION :	7 minutes
DIFFICULTÉ :	moyenne
CALORIES :	510 Kcal
PRIX :	moyen

INGRÉDIENTS POUR 4 PERSONNES

2 soles d'environ 1,2 kg ; 200 g de champignon ; 20 g d'échalote ; 20 g de persil ; 20 g de crème ; 10 cl de vin blanc ; 1/2 l de fumet de poisson ; sel, poivre.

Vin conseillé : *Sancerre.*

Garniture proposée : *Pomme vapeur, riz créole.*

Habiller, laver les filets, laisser dégorger.

Confectionner le fumet de poisson, et faire cuire 10 minutes à puissance maxi.

Dans un plat beurré, mettre les échalotes ciselées, le persil haché, les champignons émincés, les filets épongés, le vin blanc, le fumet de poisson. Pocher 3 minutes à 100 %. Assaisonner.

Réduire 2 minutes à puissance maxi. Ajouter la crème fraîche. Réduire en deux fois 1 minute et demie à 100 % en fouettant à mi-cuisson.

Disposer les filets, la garniture sur le plat de service. Parsemer de champignons émincés crus. Napper de sauce, passer au four 2 minutes à 75 %, puis 2 minutes au grill.

Gambas flambées à la diable

Une recette digne des flammes de l'enfer

TEMPS DE CUISSON : 8 minutes

PRÉPARATION :	15 minutes
DIFFICULTÉ :	faible
CALORIES :	530 Kcal
PRIX :	élevé

Faire macérer les gambas dans un plat creux avec de l'huile, du citron, du thym, du laurier, des queues de persil, du sel et du poivre pendant 10 minutes.

Dans une jatte, mettre les échalotes hachées avec le poivre en grains écrasés, le vinaigre, le vin blanc et faire réduire en passant au four 2 minutes à 100 %.

Ajouter le fond brun tomaté (bouillon de veau légèrement lié et tomaté) et cuire à nouveau 4 minutes à 50 %.

Préchauffer le plat brunisseur 5 minutes à 100 %.

Egoutter les gambas et les cuire 1 minute à 100 %. Les retourner et les cuire à nouveau 1 minute à 100 %.

Hors du four, les arroser de cognac et les flamber.

Filtrer ce jus et l'ajouter à la sauce.

Passer la sauce au tamis et y ajouter du cerfeuil et de l'estragon hachés. Servir bien chaud.

Plat creux
Plat brunisseur
Jatte

INGRÉDIENTS POUR 4 PERSONNES

20 gambas.
Pour la marinade : 15 cl d'huile d'olive ; 1 citron ; thym ; laurier ; queues de persil ; sel, poivre.
15 cl de cognac ; 20 g d'échalote ; 5 cl de vin blanc ; 3 cl de vinaigre ; 20 cl de fond brun tomaté ; poivre en grains ; cerfeuil ; estragon.
***Vin conseillé :** Riesling.*

Escalope de thon florentine

Parer la tranche de thon et retirer les arêtes. La couper en 4 ou 6 escalopes.

Tailler les oignons en petits dés.

Réunir les épinards surgelés, les oignons, l'ail haché, 20 g de beurre. Assaisonner et couvrir avec un film percé. Cuire 3 minutes à pleine puissance.

TEMPS DE CUISSON : 12 minutes

PRÉPARATION :	8 minutes
DIFFICULTÉ	: faible
CALORIES	: 380 Kcal
PRIX	: faible

Ajouter la crème fraîche et continuer la cuisson en passant au four 4 minutes à 100 %.

Préchauffer le plat brunisseur 3 minutes à 100 %.

Mélanger la farine et le paprika et passer les escalopes dans ce mélange.

Mettre 20 g de beurre et l'huile dans le plat brunisseur. Déposer les escalopes (**2**) et cuire 3 minutes à 100 %. Les retourner à mi-cuisson.

Déposer les escalopes sur les épinards et cuire à nouveau 2 minutes à 75 %.

Plat brunisseur
Plat à gratin en verre
Film

INGRÉDIENTS POUR 2 PERSONNES

1 tranche de 500 g de thon frais ; 5 cl d'huile ; 40 g de beurre ; 250 g d'épinards en branches surgelés ; 50 g d'oignon ; 1 gousse d'ail ; 10 cl de crème fraîche épaisse ; 30 g de farine ; 1 pincée de paprika ; sel, poivre.
Vin conseillé : *Sauvignon blanc.*
Garniture proposée : *sauce moutarde et pommes darphin.*

1

2

Aïoli marseillais

TEMPS DE CUISSON : 31 minutes

PRÉPARATION	:	15 minutes
DIFFICULTÉ	:	moyenne
CALORIES	:	780 Kcal
PRIX	:	moyen

2 plats à gratin en verre
3 bols
Film

INGRÉDIENTS POUR 3 PERSONNES

300 g de calmar ; 400 g de filet de morue salée ; 300 g de pomme de terre ; 300 g de haricots verts ; 200 g de carotte ; 3 œufs durs ; 5 cl d'huile ; sel, poivre.
Pour l'aïoli : 1 jaune d'œuf ; 4 gousses d'ail ; 25 cl d'huile d'olive ; 1/2 jus de citron ; sel, poivre.
***Vin conseillé** : rosé de Provence.*

Dessaler les filets de morue à l'eau froide pendant 12 heures.

Couper les pommes de terre en gros quartiers, les carottes en bâtonnets et les calmars en lanières.

Huiler un plat à gratin. Ajouter les calmars. Saler et poivrer. Couvrir avec un film percé et cuire 6 minutes à 100 %. Remuer en cours de cuisson.

Dans le second plat à gratin, disposer les filets de morue. Ajouter 30 cl d'eau. Couvrir avec un film percé et cuire 4 minutes à 100 %.

Mettre les carottes avec un peu d'eau dans un bol. Saler, couvrir et cuire 6 minutes à 100 %.

Dans un autre bol, chauffer 40 cl d'eau salée 3 minutes à 100 %.

Ajouter les haricots verts. Cuire 7 minutes à 100 %.

Dans le dernier bol, mélanger les pommes de terre et 30 cl d'eau salée. Couvrir et cuire 5 minutes à 100 %.

Couper les œufs durs en quartiers.

Confectionner l'aïoli avec l'ail écrasé et un jaune d'œuf. Saler et poivrer.

Incorporer l'huile d'olive comme pour une mayonnaise. Ajouter le jus de citron.

Egoutter tous les éléments préalablement cuits. Les disposer dans un plat. Servir avec l'aïoli.

Salade de pinces de crabe

TEMPS DE CUISSON : 12 minutes

PRÉPARATION :	10 minutes
DIFFICULTÉ	: faible
CALORIES	: 360 Kcal
PRIX	: moyen

Laver les pinces de crabe, puis les égoutter.

Préparer un court-bouillon avec de l'eau bouillante, les carottes coupées en rondelles ; les oignons piqués d'un clou de girofle, le bouquet garni, le sel et le poivre en grains. Plonger les pinces de crabe et les cuire à couvert 7 minutes à 100 %, puis 5 minutes à 75 %.

Egoutter et laisser refroidir.

1

2

Réaliser la mayonnaise. Y ajouter le ketchup et le whisky pour obtenir la sauce cocktail.

Décortiquer la chair des pinces de crabe (**2**).

Ajouter les bâtonnets de crabe taillés en petits dés.

Mélanger avec la sauce cocktail. Ajouter les pousses de soja.

Décorer avec le persil en branches, des rondelles de citron et des pinces de crabe.

INGRÉDIENTS POUR 4 PERSONNES

16 pinces de crabe ; 6 bâtonnets de crabe.
Pour le court-bouillon : 75 cl d'eau, 60 g de carotte ; 60 g d'oignon ; 1 clou de girofle ; bouquet garni ; 1 gousse d'ail ; sel, poivre en grains.
Pour la sauce cocktail : 1 œuf ; moutarde ; 25 cl d'huile ; 1 cuillerée à café de ketchup ; quelques gouttes de whisky ; sel, poivre.
30 g de pousses de soja.
Pour le décor : persil en branches ; quelques rondelles de citron.
Vin conseillé : *Pinot gris.*

Cocotte en verre avec couvercle

5

Viandes et volailles

Coq au vin

Un plat classique où l'efficacité du four à micro-ondes prend tout son intérêt.

TEMPS DE CUISSON : 37 minutes

PRÉPARATION	: 20 minutes
DIFFICULTÉ	: moyenne
CALORIES	: 850 Kcal
PRIX	: élevé

INGRÉDIENTS POUR 6 PERSONNES

1 coq de 2 kg ; 10 cl d'huile ; 30 g de beurre ; 30 g de farine ; 30 cl de jus de veau ; 200 g de poitrine salée ; 150 g de champignons ; 150 g de petits oignons ; sel, poivre, sucre.

Pour la marinade : 150 g de carotte ; 150 g d'oignon ; 1,5 litre de vin rouge ; 1 bouquet garni.

Vin conseillé : *Gevrey-Chambertin.*

Garniture proposée : *Pommes vapeur ou pâtes fraîches.*

Préparer une marinade avec 1,5 litre de vin rouge de bonne qualité, carotte, oignon et bouquet garni.

Découper le coq en morceaux. Les mettre à mariner pendant 24 heures.

Egoutter les morceaux de coq. Préchauffer le plat brunisseur pendant 5 minutes à puissance maxi.

Colorer les morceaux de coq pendant 2 minutes à puissance maxi.

Suer la garniture aromatique dans un plat creux pendant 5 minutes à puissance maxi. Ajouter les morceaux de coq colorés.

Mouiller avec la marinade et 30 cl de jus de veau. Cuire au four à couvert pendant 10 minutes à pleine puissance, puis pendant 20 minutes à 75 %.

Laisser reposer pendant 5 minutes.

CONSEILS DE DÉCONGÉLATION

Vous pouvez laisser décongeler pendant environ 1 heure à température ambiante avant de réchauffer à feu doux. Au micro-ondes, décongelez pendant 15 à 20 minutes à puissance adéquate (position décongélation). Laisser reposer 10 minutes, puis réchauffez à pleine puissance pendant 8 à 10 minutes (en retournant deux fois pendant ce laps de temps). Conservation : 2 mois.

Enlever les morceaux de coq et les mettre de côté.

Incorporer 30 cl de roux à la sauce. Passer la sauce sur les morceaux de coq. Garnir de lardons et de champignons sautés.

Plat brunisseur
Plat creux en verre avec couvercle

Osso-buco

Une recette traditionnelle italienne remise au goût français

Plat brunisseur
Plat creux à bords hauts
Jatte

TEMPS DE CUISSON : **50/60 minutes**

PRÉPARATION	: 8 minutes
DIFFICULTÉ	: moyenne
CALORIES	: 980 Kcal
PRIX	: moyen

INGRÉDIENTS POUR 4 PERSONNES

1 kg de jarret de veau en rondelles ; 100 g de carotte ; 100 g d'oignon ; 40 g de céleri ; 20 g de farine ; 10 cl de vin blanc ; 10 cl de sauce tomate ; 70 cl de fond de veau ; 40 g de champignon ; 40 g de jambon de Paris ; 10 g de beurre ; 10 cl de madère ; assaisonnement ; 1 orange ; 100 g de tomate ; persil ;
Vin conseillé : *Tavel rosé.*
Garniture proposée : *riz ou spaghettis.*

Faire chauffer le plat brunisseur pendant 5 minutes à pleine puissance.

Pendant ce temps, éplucher, laver et tailler les légumes.

Fariner les osso-buco et les faire revenir 2 minutes avec un peu d'huile dans le plat brunisseur, à puissance maxi.

Suer les légumes dans un plat creux beurré pendant 2 minutes à pleine puissance.

Ajouter le vin blanc, la sauce tomate et du jus de veau. Remettre 2 minutes à 100 %.

Disposer les osso-buco et couvrir avec un film percé. Cuire à puissance maxi pendant 40 à 50 minutes. Retourner la viande à mi-cuisson. Assaisonner.

Couper le jambon et les champignons en julienne (en filaments). Les faire suer au beurre pendant 1 minute à puissance maxi. Assaisonner. Ajouter le madère et la sauce (le jus de cuisson passé des osso-buco). Enfourner pendant 2 minutes à 100 %.

Dresser les osso-buco. Napper avec la sauce et la garniture. Décorer avec des demi-tranches d'orange cannelées, une fondue de tomate et du persil. Remettre 1 minute à 100 %.

Rôti de porc en couronne

Une présentation toujours spectaculaire pour un repas sympathique entre amis

TEMPS DE CUISSON : 35 minutes

INGRÉDIENTS POUR 6 PERSONNES

Pièce de porc de 1,8 kg; 5 cl d'huile; 50 g de beurre; 75 cl de jus de veau; sel, poivre.
Vin conseillé : Saint-Emilion.
Garniture proposée : Pommes noisettes, tomates provençales.

Faire préparer par le boucher un rôti de porc en couronne (carré).

Préchauffer le plat brunisseur pendant 5 minutes à puissance maxi.

Colorer la pièce de porc pendant 5 minutes à puissance maxi.

Mettre la pièce dans le plat à rôtir, assaisonner et cuire au four pendant 20 minutes à 75% de puissance. Laisser reposer 10 minutes.

Dégraisser le plat de cuisson, ajouter le jus de veau. Cuire 5 minutes à puissance maxi.

Pour parfaire la coloration du rôti, arroser de jus de cuisson et passer sous le grill pendant 5 minutes.

Dresser. Servir le jus de cuisson dans une saucière.

PRÉPARATION	: 15 minutes
DIFFICULTÉ	: moyenne
CALORIES	: 390 Kcal
PRIX	: faible

Plat brunisseur
Plat à rôtir en verre

Jus de veau

Concasser l'os de veau. Préchauffer le plat brunisseur pendant 5 minutes. Colorer les os.

Ajouter carotte et oignon coupés en gros dés. Remettre au four pendant 2 minutes à pleine puissance. Verser le tout dans une marmite allant au micro-ondes.

Ajouter tomate concentrée, bouquet garni et pieds de champignons.

Verser l'eau. Ne pas assaisonner.

Porter à ébullition (4 minutes à pleine puissance), puis mijoter pendant 25 minutes à mi-puissance sans couvrir.

Dégraisser, passer et cuire encore jusqu'à concentration (8 minutes à 75%). Refroidir rapidement. Conserver au froid.

INGRÉDIENTS POUR 1/2 LITRE

500 g d'os de veau concassé; 100 g de carotte; 100 g d'oignon; 1 bouquet garni; quelques champignons de Paris; 1 cuillerée de tomate concentrée; 2 litres d'eau.

TEMPS DE CUISSON : 44 minutes

Gigot d'agneau Vert-Pré

Le plus classique de nos plats de fête adapté à la cuisson au four à micro-ondes

TEMPS DE CUISSON : 19 minutes

PRÉPARATION :	7 minutes
DIFFICULTÉ	: faible
CALORIES	: 650 Kcal
PRIX	: moyen

INGRÉDIENTS POUR 8 PERSONNES

1 gigot avec os d'environ 1,400 kg ; 4 gousses d'ail ; 50 cl d'huile, sel, poivre, cresson.
Vin conseillé : Gigondas.
Garniture proposée : Petits *légumes étuvés au beurre ou pommes gaufrettes.*

Plat brunisseur

Préchauffer le plat brunisseur 3 minutes à puissance maxi.

Piquer le gigot de gousses d'ail, sel, poivrer.

Huiler le gigot à l'aide d'un pinceau. Colorez-le au four 4 minutes à 0 %.

Cuire le gigot 7 minutes à 100 %, le retourner et cuire encore 7 minutes à puissance maxi.

Laisser reposer.

Préparer le cresson.

Peut également être servi avec un beurre maître d'hôtel : beurre malaxé à froid avec sel, poivre, persil haché et un filet de jus de citron.

Avant de découper le gigot, parsemer le de chapelure et passer 5 minutes sous le grill.

Poulet rôti

Plat brunisseur

Préparer le poulet. Assaisonner l'intérieur de la volaille.

Préchauffer le plat brunisseur 3 minutes à puissance maxi.

Huiler légèrement le poulet. Déposer sur le plat brunisseur. Cuire au four 10 minutes à puissance maxi.

Retourner le poulet. Terminer la cuisson par 10 minutes à 100 %.

Laisser reposer.

Pour obtenir un jus d'accompagnement, après cuisson, se débarrasser de la graisse et ajouter dans le plat brunisseur 1/2 verre d'eau. Passer au four 1 minute à puissance maxi.

La durée de cuisson varie selon la qualité et le poids de la volaille.

TEMPS DE CUISSON : 21 minutes

INGRÉDIENTS POUR 4 PERSONNES

1 poulet de 1,400 kg ; 50 cl d'huile, sel, poivre.

PRÉPARATION :	8 minutes
DIFFICULTÉ	: faible
CALORIES	: 250 Kcal
PRIX	: faible

Petit salé aux lentilles

Un plat simple mais savoureux où se mêlent la saveur d'autrefois et le tour de main d'aujourd'hui

TEMPS DE CUISSON : 35 minutes

INGRÉDIENTS POUR 4 PERSONNES

200 g de lentille ; 300 g de travers de porc ; 300 g de poitrine salée ; 80 g de carotte ; 80 g d'oignon ; 80 g de poireau ; 3 clous de girofle ; 1 gousse d'ail ; sel, poivre.

***Vin conseillé :** Côte du Rhône, Beaujolais nouveau.*

PRÉPARATION	5 minutes
DIFFICULTÉ	faible
CALORIES	740 Kcal
PRIX	faible

Cocotte

Eplucher et laver les légumes de la garniture aromatique.

Blanchir la poitrine de porc et le travers pendant 2 minutes à puissance maxi.

Dans une cocotte, disposer les lentilles. Ajouter l'eau, laisser 3 minutes à 100 %. Ecumer.

Ajouter la garniture aromatique et le porc, couvrir et cuire 30 minutes à puissance maxi. Remuer 2 à 3 fois. Saler à mi-cuisson.

Retirer la viande, la trancher et répartir sur les lentilles. Disposer éventuellement carottes et pommes vapeur.

Curry d'agneau

Tout le charme de l'exotisme et des terres lointaines en un temps record grâce au micro-ondes

TEMPS DE CUISSON : 41 minutes

PRÉPARATION :	10 minutes
DIFFICULTÉ :	faible
CALORIES :	950 Kcal
PRIX :	faible

Plat brunisseur
Cocotte
Jatte
Film

Chauffer le plat brunisseur pendant 5 minutes à puissance maxi.

Eplucher, laver, tailler les légumes de la garniture aromatique.

Brunir la viande sur ses différentes faces pendant 4 minutes (en retournant plusieurs fois), four arrêté. Faire si nécessaire réchauffer le plat brunisseur.

Disposer les morceaux dans une cocotte. Ajouter les dés de pomme de terre et les oignons ciselés.

Suer l'ensemble pendant 1 minute à puissance maxi.

Saupoudrer de farine (singer), de curry. Ajouter la tomate concassée. Mouiller à l'eau. Ajouter le bouquet garni, l'ail et l'assaisonnement.

Cuire à couvert pendant 20 minutes à puissance maxi. Remuer deux fois pendant la cuisson.

Mettre le riz dans une jatte avec de l'oignon ciselé, et du beurre. Ajouter de l'eau bouillante salée (une fois et demi la quantité de riz).

Couvrir d'un film percé. Cuire 10 minutes à puissance maxi.

Ajouter raisins secs et amandes émincées au riz une fois cuit.

Décanter la viande et ajouter de la crème à la sauce. Chauffer pendant 1 minute à puissance maxi.

INGRÉDIENTS POUR 4 PERSONNES

700 à 800 g d'épaule d'agneau.
Pour la garniture aromatique : 100 g d'oignon ; 100 g de pomme fruit ; 20 g de farine ; 200 g de tomate ; 20 g de curry ; 10 cl de crème fraîche ; huile.
Pour le riz : 200 g de riz ; 80 g d'oignon ; 30 g de beurre ; 20 g de raisin de Corinthe ; 20 g d'amande effilée ; sel.
Vin conseillé : *Chinon.*
Garniture proposée : *Riz pilaf.*

Médaillon de chevreuil aux raisins

Un grand classique pour soir de fête dans la plus pure tradition française

TEMPS DE CUISSON : 15 minutes

PRÉPARATION	: 8 minutes
DIFFICULTÉ	: faible
CALORIES	: 350 Kcal
PRIX	: élevé

INGRÉDIENTS POUR 4 PERSONNES

800 g de médaillons pris dans la gigue ; 40 cl de vin rouge de Médoc ; 100 g d'oignon, 100 g de carotte ; 1 cuillère à potage d'huile ; 200 g de raisin blanc ; 30 g de sucre ; 5 cl de vinaigre ; 20 cl de crème épaisse ; bouquet garni ; 5 cl de cognac ; sel, poivre.

Vin conseillé : *Médoc.*

Garniture proposée : *Airelles ou pommes fruit, purée de marron.*

Réunir les éléments de la marinade et réserver au frais pendant 12 heures.

Egoutter les médaillons. Réserver le jus de la marinade (la qualité du vin influencera le goût final de la sauce). Peler les raisins.

Pour réaliser un caramel, réunir le sucre et le vinaigre dans un bol. Passer au four 1 minute à pleine puissance.

Ajouter les raisins dans le caramel chaud.

Préchauffer le plat brunisseur 3 minutes à 100 %.

Colorer les médaillons de chevreuil 3 minutes à 0 % après les avoir épongés et assaisonnés.

Les cuire 3 minutes à 100 %.

Retirer les raisins du caramel. Verser le jus de la marinade sur le caramel et cuire au four 5 minutes à 100 %.

Ajouter la crème épaisse et réduire l'ensemble au four, 3 minutes à 100 %.

Verser la sauce et les raisins sur les médaillons.

Plat brunisseur
Bol profond en verre

Paupiette de veau à l'orange

TEMPS DE CUISSON : 13 minutes

Plat brunisseur
Plat à gratin opaque

INGRÉDIENTS POUR 4 PERSONNES

4 escalopes de veau de 120 g.
Pour la farce : 300 g de chair à saucisse ; 1 œuf ; 10 cl de crème épaisse ; persil.
Pour la sauce : 2 oranges ; 30 g de sucre ; 20 cl de jus de veau ; 10 cl de crème épaisse ; 50 g de beurre ; sel, poivre.

Vin conseillé : *Saint-Emilion.*

Garniture proposée : *Flan d'épinard ou pâtes au beurre.*

Confectionner les paupiettes.

Préchauffer le plat brunisseur 3 minutes à pleine puissance.

Fariner les paupiettes, les huiler légèrement et les colorer 4 minutes à 0 %.

Dans le plat brunisseur, cuire les paupiettes 3 minutes à 100 %.

Prélever les zestes d'une orange. Les blanchir 1 minute à 100 %.

Mettre dans un plat à gratin le jus d'une orange et le sucre, passer au four 1 minute à 100 %.

Ajouter le jus de veau, le sel et le poivre, la crème épaisse et cuire 2 minutes à pleine puissance.

Ajouter les zestes blanchis et les paupiettes.

Passer l'ensemble au four sous couvert d'un film percé 2 minutes à 75 %. Ajouter le beurre. Décorer à l'aide de la deuxième orange.

PRÉPARATION	: 13 minutes
DIFFICULTÉ	: faible
CALORIES	: 700 Kcal
PRIX	: moyen

Couscous au poulet

Avec le micro-ondes, c'est vraiment bon comme là-bas ! Réussissez un super couscous en moins d'une heure

TEMPS DE CUISSON : **26 minutes**

Plat brunisseur
Plat creux en verre

INGRÉDIENTS POUR 4 PERSONNES

1 poulet de 1,4 kg ; 10 cl d'huile ; 300 g d'aubergine ; 400 g de courgette ; 100 g de poivron ; 150 g d'oignon ; 200 g de carotte ; 100 g de navet ; 150 g de poireau ; 150 g de céleri branche ; 2 fonds d'artichaut ; 200 g de tomate ; 1 cuillerée à potage de tomate concentrée ; 100 g de pois chiches cuits en boîte ; bouquet garni ; 2 gousses d'ail ; quatre épices ; harissa, sel, poivre.

***Vin conseillé :** Boulaouane rosé.*
***Garniture proposée :** semoule.*

1

2

3

PRÉPARATION	20 minutes
DIFFICULTÉ	faible
CALORIES	820 Kcal
PRIX	moyen

Préchauffer le plat brunisseur 4 minutes à 100 %.

Ajouter l'huile et les morceaux de poulet. Cuire 5 minutes à 100 %.

Couper les poivrons (**2**) et les oignons en fines tranches. Les aubergines et les courgettes en cubes. Les tomates (**3**) et les artichauts en quartiers. Les carottes, les navets et les céleris en bâtonnets. Les poireaux en tronçons.

Huiler le plat creux. Ajouter les oignons et les poivrons. Cuire 3 minutes à 100 %.

Ajouter les céleris et les tomates. Cuire à nouveau 3 minutes à 100 %.

Ajouter les morceaux de poulet (**4**), les carottes, les navets, les poireaux, les aubergines, les courgettes, l'ail haché, le sel, le poivre, le bouquet garni, l'harissa, les 4 épices, les pois chiches, les fonds d'artichaut, la tomate concentrée. Mouiller

4

avec 1,5 l d'eau. Couvrir d'un film percé et cuire 15 minutes à 100 %.

Laisser reposer 5 minutes et servir aussitôt accompagné de semoule.

Contre-filet marchand de vin

TEMPS DE CUISSON	9/11 minutes

PRÉPARATION	10 minutes
DIFFICULTÉ	faible
CALORIES	720 Kcal
PRIX	élevé

INGRÉDIENTS POUR 2 PERSONNES

2 tranches de contre-filet de 180 g chacune ; 30 g de beurre.
Pour la sauce : 30 g d'échalote ; 10 cl de vin rouge ; 15 cl de jus de veau ; 20 g de beurre ; 1 pincée de cerfeuil ; 1 pincée de ciboulette.
Sel, poivre.
***Vin conseillé :** Saint-Emilion.*
***Garniture proposée :** pommes dauphines.*

Réunir dans le bol en terre, les échalotes taillées en petits dés et le vin rouge.

Faire réduire en passant au four 3 minutes à pleine puissance.

Ajouter le jus de veau, le sel et le poivre. Cuire 3 minutes à 100 %.

Incorporer le beurre en parcelles et les fines herbes hachées.

Préchauffer le plat brunisseur 4 minutes à pleine puissance.

Ajouter le beurre et les tranches de contre-filet.

Colorer sur la première face 1 minute à 0 %. Retirer les contre-filets. Préchauffer de nouveau le plat brunisseur 1 minute à pleine puissance. Colorer sur la deuxième face 1 minute à 0 %.

Cuire selon votre goût à pleine puissance : pour une cuisson saignante, 30 secondes de chaque côté ; pour une cuisson à point, 1 minute par côté.

Napper les contre-filets de sauce chaude. Parsemer éventuellement de ciboulette et de cerfeuil avant de servir.

Plat brunisseur
Bol en terre

Caille aux raisins

PRÉPARATION	: 14 minutes
DIFFICULTÉ	: moyenne
CALORIES	: 580 Kcal
PRIX	: moyen

TEMPS DE CUISSON : 10 minutes

Plat brunisseur
Bol en terre

INGRÉDIENTS POUR 4 PERSONNES

4 cailles ; 50 g de lard gras ; 40 g de beurre ; 60 g de raisins secs ; 40 g de carotte ; 40 g d'oignon ; 10 g de sucre ; 5 cl de vinaigre ; 30 cl de jus de veau ; sel, poivre.
Vin conseillé : *Cabernet d'Anjou.*
Garniture proposée : *pommes gaufrettes.*

Couper les carottes et les oignons en petits dés.

Garnir l'intérieur des cailles avec un morceau de lard gras.

Faire tremper les raisins secs. En saison, utiliser des raisins frais préalablement épluchés ; ceux-ci seront ajoutés à la sauce au dernier moment.

Réaliser un caramel blond 1 minute à 100 % avec le sucre et le vinaigre réunis dans un bol en terre.

Préchauffer le plat brunisseur 4 minutes à pleine puissance.

Ajouter le beurre et les cailles. Cuire 4 minutes à 100 % en retournant à mi-cuisson.

Ajouter les carottes et les oignons. Cuire 2 minutes à 100 %. Ajouter la moitié du jus de veau (**2**). Cuire 1 minute à 100 %.

Mélanger le reste du jus de veau au caramel et cuire 2 minutes à 100 %.

Mettre les raisins égouttés dans la sauce ainsi que le jus de veau passé de la cuisson des cailles. Réunir les cailles et la sauce. Servir.

1

2

Bavette à l'échalote

TEMPS DE CUISSON : 7 minutes	

PRÉPARATION	:	8 minutes
DIFFICULTÉ	:	faible
CALORIES	:	360 Kcal
PRIX	:	moyen

INGRÉDIENTS POUR 2 PERSONNES

2 steaks de 180 g taillés dans la bavette ; 20 g de beurre ; 50 g d'échalote ; 5 cl de vin blanc ; 10 cl de jus de veau ; 1 pincée de persil ; sel, poivre.

Vin conseillé : *Beaujolais Villages.*

Accompagnement proposé : *pommes frites ou sautées.*

Plat brunisseur
Bol en terre

Couper les échalotes en fines tranches.

Fondre le beurre dans un bol en terre 1 minute à 100 %. Ajouter dans le beurre fondu le sel, le poivre et le persil haché.

Préchauffer le plat brunisseur 3 minutes à 100 %.

Badigeonner les steaks avec le mélange beurre fondu. Colorer les steaks sur le plat brunisseur 1 minute chaque face à 75 %. Refaire chauffer le plat entre deux si nécessaire.

Prolonger la cuisson à 100 % en fonction de la cuisson désirée.

Réserver les steaks sur une assiette.

Ajouter dans le plat les échalotes. Les suer 1 minute à 100 %.

Ajouter le vin blanc. Réduire 1 minute à 100 %. Ajouter le jus de veau. Réduire 2 minutes à 100 %.

Napper les steaks avec la sauce obtenue.

Les échalotes doivent rester croquantes.

Poulet sauté aux étrilles

Même La Fontaine n'aurait pas imaginé marier un jour le poulet et l'étrille : une toute nouvelle fable culinaire

1

2

Confectionner le coulis d'étrilles : enlever la carapace des étrilles.

Concasser le reste du corps des étrilles.

Verser l'huile dans le plat creux. Ajouter les étrilles. Suer au four 3 minutes à pleine puissance.

Ajouter les oignons et les carottes coupés en gros dés. Suer à nouveau en passant au four 2 minutes à pleine puissance.

Hors du four, flamber au cognac. Saupoudrer de farine. Mélanger.

Ajouter le vin blanc, l'ail écrasé, le bouquet garni, la tomate concentrée, le sel, le poivre et une pointe de Cayenne.

Mouiller avec 75 cl d'eau. Bien mélanger l'ensemble.

Couvrir avec un film percé et cuire au four 15 minutes à 100 %.

Passer le coulis.

Découper le poulet en quatre morceaux.

Préchauffer le plat brunisseur 3 minutes à pleine puissance.

Ajouter l'huile et les quarts de poulet. Cuire au four à pleine puissance les quartiers " ailes " 6 minutes et les quartiers " cuisses " 2 minutes de plus. Retourner à mi-cuisson (**1**).

Bien mélanger le coulis (**2**) avant d'en napper les morceaux de poulet. Servir aussitôt.

Plat creux en verre
Plat brunisseur
Film

TEMPS DE CUISSON : **28 minutes**

PRÉPARATION :	13 minutes
DIFFICULTÉ	: moyenne
CALORIES	: 650 Kcal
PRIX	: moyen

INGRÉDIENTS POUR 4 PERSONNES

1 poulet de 1,4 kg ; 500 g d'étrilles ; 5 cl d'huile ; 20 g de beurre ; 10 cl de vin blanc ; 5 cl de cognac ; 1 gousse d'ail ; bouquet garni ; 50 g d'oignon ; 20 g de farine ; 1 cuillerée à potage de tomate concentrée ; 50 g de carotte ; sel, poivre, poivre de Cayenne.

Vin conseillé : *Pouilly Fuissé.*

Garniture proposée : *petits légumes glacés et riz créole.*

Emincé de jambonneau au vin d'Arbois

Toute la fraîcheur de ce vin du Jura au service de la délicatesse d'un émincé de jambonneau

TEMPS DE CUISSON : 17 minutes

PRÉPARATION :	10 minutes
DIFFICULTÉ	: faible
CALORIES	: 1080 Kcal
PRIX	: moyen

Plat creux en verre avec couvercle
Bol en terre

INGRÉDIENTS POUR 4 PERSONNES

1 kg de jambonneau précuit ; 100 g de blanc de poireau ; 50 g de céleri branches ; 100 g de carotte ; 50 g d'oignon ; 40 cl de vin blanc d'Arbois ; bouquet garni ; quelques feuilles d'estragon ; 1 gousse d'ail ; 50 g d'échalote ; 20 cl de crème épaisse ; 1 cuillerée à potage de moutarde ; 5 cl de cognac ; 20 g de beurre ; sel, poivre.

Vin conseillé : *Vin blanc d'Arbois.*

Accompagnement proposé : *pommes de terre sautées parfumées aux fines herbes (estragon, ciboulette).*

1

2

3

4

5

6

Désosser le jambonneau et le couper en carrés de 3 à 4 cm.

Emincer les carottes, les oignons, les céleris et les poireaux.

Réunir les quatre légumes (**2**), les carrés de jambonneau, le bouquet garni, l'ail écrasé, l'estragon, le vin d'Arbois et 30 cl d'eau (**3**) dans le plat creux. Assaisonner.

Couvrir et cuire au four 10 minutes à 100 %.

Mettre les échalotes coupées en petits dés et le beurre dans un bol. Cuire 2 minutes à 100 %.

Récupérer 20 cl de bouillon de cuisson du jambonneau et les ajouter aux échalotes (**4**).

Ajouter la crème fraîche (**5**) et cuire 3 minutes à 100 %.

Incorporer la moutarde (**6**) et le cognac dans la sauce. Cuire 2 minutes à 75 %.

Carbonade de bœuf flamande

TEMPS DE CUISSON : 21 minutes

PRÉPARATION	*: 9 minutes*
DIFFICULTÉ	*: faible*
CALORIES	*: 520 Kcal*
PRIX	*: moyen*

Plat brunisseur
Plat à gratin en terre
Film

Couper les oignons en lamelles.

Beurrer le plat à gratin. Y ajouter les oignons. Cuire 8 minutes à pleine puissance. Ajouter le sucre en cours de cuisson.

Préchauffer le plat brunisseur 4 minutes à 100 %.

Ajouter les tranches de rumsteck. Cuire au four 1 minute à 100 %. Retourner à mi-cuisson.

Déposer les tranches de rumsteck dans le plat à gratin sur les oignons. Ajouter la bière et cuire 2 minutes à 100 %.

Ajouter l'ail écrasé, la tomate concentrée, le bouquet garni, le sel, le poivre et le jus de veau. Recouvrir avec des tranches d'oignons.

Couvrir avec un film percé et cuire au four 10 minutes à pleine puissance.

Laisser reposer 5 minutes et servir.

INGRÉDIENTS POUR 2 PERSONNES

4 tranches de rumsteck de 80 g chacune ; 5 cl d'huile ; 20 g de beurre ; 300 g d'oignon ; 20 cl de bière blonde ; 20 cl de jus de veau ; 1 pincée de sucre ; bouquet garni ; 1 gousse d'ail ; 1 cuillerée à café de tomate concentrée ; sel, poivre.
Boisson conseillée : *bière.*
Garniture proposée : *nouilles au beurre ou pommes purée.*

Tournedos à la crème d'avocat

TEMPS DE CUISSON : 5 à 8 minutes	

PRÉPARATION :	9 minutes
DIFFICULTÉ	: faible
CALORIES	: 780 Kcal
PRIX	: élevé

Plat brunisseur

INGRÉDIENTS POUR 4 PERSONNES

4 tournedos de 150 g chacun; 2 petits avocats; 40 g de beurre; 50 g d'échalote; 10 cl de vin blanc; 1/2 citron; 25 cl de crème fraîche épaisse; cerfeuil; ciboulette; sel, poivre.

Vin conseillé : *Crozes Hermitage.*

Garniture proposée : *quartiers d'avocats tièdes et bouquets d'asperges.*

Récupérer la pulpe des avocats et la passer au mixeur avec le jus de citron.

Couper les échalotes en petits dés.

Préchauffer le plat brunisseur 4 minutes à pleine puissance.

Ajouter le beurre et les tournedos. Cuire au four à 100 % en retournant à mi-cuisson : pour une viande bleue : 1 minute; saignante : 1 minute 30; à point : 2 minutes, et bien cuite : 4 minutes. Assaisonner après la cuisson.

Réserver les tournedos bien au chaud.

Ajouter les échalotes dans le plat de cuisson ainsi que le vin blanc. Cuire 2 minutes à 100 %.

Ajouter la crème et faire réduire en passant au four 2 minutes à 100 %.

Incorporer dans la sauce, la purée d'avocat et verser sur les tournedos.

Saupoudrer de cerfeuil et de ciboulette hachée.

Pot-au-feu

Une technique de cuisson mixte pour le plus simple de nos plats

Blanchir le morceau d'épaule : le mettre dans une marmite avec l'eau froide ; porter à ébullition, rafraîchir et égoutter.

Cuire le morceau de bœuf en Cocotte-Minute dans l'eau salée environ 30 minutes.

Préparer les légumes.

TEMPS DE CUISSON :	**35 minutes**

PRÉPARATION :	**40 minutes**
DIFFICULTÉ :	**faible**
CALORIES :	**650 Kcal**
PRIX :	**faible**

Réunir dans la marmite, le poireau ficelé, l'oignon avec le clou de girofle, la branche de céleri, l'ail, le bouquet garni, le sel, le poivre en grains, environ 3 litres d'eau. Cuire au four avec un film percé 20 minutes à pleine puissance.

Ajouter le chou blanc, l'os à moelle, les navets ; les pommes de terre. Continuer la cuisson 10 minutes à 100 %.

Ajouter la viande cuite en Cocotte-Minute et un peu de bouillon de viande.

Terminer en passant au four 5 minutes à 75 %.

Grande marmite en terre

INGRÉDIENTS POUR 4 PERSONNES

1 kg de paleron de bœuf avec os ; 1 os à moelle ; 400 g de carotte ; 100 g d'oignon ; 200 g de poireau ; 100 g de céleri branche ; 300 g de navet ; 300 g de chou blanc ; 500 g de pomme de terre ; ail ; bouquet garni ; clou de girofle ; sel, poivre en grains.

Rôti de veau Orloff

Un plat prestigieux auquel le four à micro-ondes ne fait pas peur !

TEMPS DE CUISSON : 28 minutes

PRÉPARATION	:	13 minutes
DIFFICULTÉ	:	moyenne
CALORIES	:	720 Kcal
PRIX	:	élevé

Plat brunisseur
Plat à gratin en terre
Bol en terre

2

1

Préchauffer le plat brunisseur 3 minutes à pleine puissance.

Ficeler et assaisonner la longe de veau. Mettre 10 g de beurre et l'huile dans le plat brunisseur. Poser la longe de veau (**2**). Cuire au four 15 minutes à 100 %. Retourner en cours de cuisson.

Préparer la béchamel avec 35 g de beurre, 35 g de farine et 40 cl de lait ; cuire 3 minutes à 100 %.

3

4

5

6

Préparer une duxelles : réunir 10 g de beurre, les échalotes taillées en petits dés et les champignons hachés. Faire cuire au four 3 minutes à 100 %.

Ajouter à ce mélange 10 cl de béchamel (**3**). Saler et poivrer. Réserver.

Couper la longe en tranches d'un demi-centimètre d'épaisseur (**4**).

Intercaler entre chaque tranche un carré de jambon, une cuillerée de duxelles et une bonne pincée de fromage râpé (**5** et **6**).

Reconstituer ainsi la longe de veau et la déposer sur le plat à gratin beurré (**7**). Napper l'ensemble avec le reste de béchamel additionné de crème (**8**) et de fromage râpé (**9**).

Ajouter quelques parcelles de beurre et cuire au four 3 minutes à 100 %.

Terminer la cuisson en passant le rôti sous le grill 4 minutes.

INGRÉDIENTS POUR 4 PERSONNES

700 g de longe de veau ; 5 cl d'huile ; 50 g de beurre ; 2 tranches de jambon blanc ; 50 cl de béchamel ; 100 g de fromage râpé ; 100 g de champignon ; 30 g d'échalote ; 10 cl de crème épaisse ; sel, poivre.
Vin conseillé : *Chambertin.*

7

8

9

Ragoût de porc aux carottes

TEMPS DE CUISSON : 18 minutes

PRÉPARATION :	18 minutes
DIFFICULTÉ :	faible
CALORIES :	870 Kcal
PRIX :	faible

Plat brunisseur
Plat creux en verre avec couvercle

Réunir dans un saladier les morceaux de porc, les oignons coupés en rondelles, le bouquet garni, l'ail écrasé et le vin rouge. Laisser mariner 24 heures.

Egoutter et éponger les morceaux de porc.

Préchauffer le plat brunisseur 3 minutes à pleine puissance.

Ajouter les morceaux de saindoux et le porc. Cuire au four 8 minutes à 100 %. Remuer en cours de cuisson.

Transvaser les morceaux de viande dans le plat creux. Ajouter la farine et remuer.

Ajouter le vin rouge de la marinade, la tomate concentrée, le sel et le poivre. Couvrir et cuire au four 4 minutes à 100 %.

Couper les carottes en rondelles. Les ajouter dans le ragoût avec 0,25 l d'eau.

Terminer la cuisson de l'ensemble en passant au four 6 minutes à 100 %. Mélanger en cours de cuisson.

Laisser reposer 5 minutes avant de servir.

INGRÉDIENTS POUR 4 PERSONNES

12 morceaux de 60 g pris dans la rouelle de porc.
Pour la marinade : 100 g d'oignon ; bouquet garni ; 1 gousse d'ail ; 75 cl de vin rouge.
600 g de carotte ; 1 cuillerée à potage de tomate concentrée ; 30 g de saindoux ; 40 g de farine ; sel, poivre.
***Vin conseillé :** Médoc.*
***Garniture proposée :** riz créole ou nouilles au beurre.*

Sauté de veau Marengo

TEMPS DE CUISSON : 31 minutes	

PRÉPARATION :	10 minutes
DIFFICULTÉ	: moyenne
CALORIES	: 950 Kcal
PRIX	: moyen

Plat brunisseur
Plat creux en verre

Préchauffer le plat brunisseur 3 minutes à pleine puissance.

Huiler les morceaux de veau et les colorer sur le plat brunisseur 2 minutes à 0 %.

Cuire les morceaux de veau toujours dans le plat brunisseur 4 minutes à 100 %.

Ajouter le vin blanc.

Laisser reposer.

Dans un plat creux, suer au beurre les oignons taillés en petits dés 1 minute à 100 %. Ajouter la farine. Cuire au four 1 minute à 75 %.

Ajouter le jus de veau, l'ail, le bouquet garni, la tomate concentrée, le sel et le poivre. Cuire au four 3 minutes à 100 %.

Ajouter les morceaux de veau ainsi que le contenu liquide du plat brunisseur.

Cuire l'ensemble au four à couvert 5 minutes à pleine puissance.

Laisser reposer.

Sauter les champignons 2 minutes à 100 %.

Glacer à brun les petits oignons en les passant au four 3 minutes à 100 %.

Placer les demi-tranches de pain de mie huilées 5 minutes sous le grill.

Passer la sauce du sauté. La réduire 2 minutes à 100 %.

Ajouter les morceaux de veau, les champignons et les petits oignons.

Avant de servir, ajouter des croûtons de pain de mie et le persil haché.

INGRÉDIENTS POUR 2 PERSONNES

400 g de noix de veau pâtissière en morceaux de 40 g environ ; 50 g d'oignon ; 5 cl de vin blanc ; 20 g de farine ; 30 g de tomate concentrée ; 50 cl de jus de veau (ou d'eau).
Pour la garniture : 80 g de petits oignons ; 80 g de champignon de Paris.
2 tranches de pain de mie ; 10 cl d'huile ; 30 g de beurre ; 1 gousse d'ail ; bouquet garni ; 1 pincée de persil ; sel, poivre.
***Vin conseillé :** Saint-Emilion.*
***Garniture proposée :** pommes vapeur ou pâtes fraîches.*

Choucroute de canard

Une façon originale de renouveler la saveur d'une bonne choucroute traditionnelle

TEMPS DE CUISSON : 32 minutes

PRÉPARATION	8 minutes
DIFFICULTÉ	faible
CALORIES	1 040 Kcal
PRIX	moyen

Plat brunisseur
Plat creux en verre avec couvercle

INGRÉDIENTS POUR 4 PERSONNES

1 canard de 1,500 kg ; 5 cl d'huile ; 800 g de choucroute crue ; 50 g d'oignon ; 40 cl de vin blanc ; 250 g de poitrine fumée ; 100 g de jambon blanc ; quelques baies de genévrier ; sel, poivre.
***Vin conseillé :** Jurançon sec.*
***Garniture proposée :** pommes nature cuites au bouillon.*

1 

2 

3 

Préchauffer le plat brunisseur 3 minutes à 100 %.

Huiler le plat brunisseur. Déposer le canard salé et poivré. Cuire au four 15 minutes à pleine puissance. Le tourner et l'arroser en cours de cuisson.

Laisser reposer 10 minutes.

Huiler le plat creux. Ajouter les oignons taillés en lamelles. Cuire au four 2 minutes à 100 %.

Ajouter la choucroute, le sel, le poivre, quelques baies de genévrier et le vin blanc (**2**), ainsi que le morceau de poitrine fumée. Couvrir et cuire au four 10 minutes à 100 %.

4

Couper le canard en quatre quartiers (**3**) et le jambon en petits dés.

Ajouter les morceaux de canard (**4**) et le jambon (**5**) dans la choucroute.

5

Arroser avec 10 cl d'eau. Couvrir et terminer la cuisson de l'ensemble en passant au four 5 minutes à 75 %.

Servir très chaud.

Médaillons de porc aux pruneaux

TEMPS DE CUISSON : 11 minutes

PRÉPARATION	: 8 minutes
DIFFICULTÉ	: faible
CALORIES	: 730 Kcal
PRIX	: faible

Plat brunisseur
Bol en terre
Film

Réunir dans le bol, les pruneaux et le vin rouge. Couvrir d'un film percé et cuire au four 3 minutes à 100 %.

Préchauffer le plat brunisseur 3 minutes à 100 %.

Saler, poivrer et fariner les médaillons de porc.

Ajouter l'huile et le beurre dans le plat brunisseur ainsi que les médaillons. Cuire au four 3 minutes à 100 %. Retourner à mi-cuisson.

Retirer les médaillons du plat et réserver.

Ajouter les pruneaux ainsi que le reste du vin contenu dans le bol. Verser dessus le jus de veau et cuire 2 minutes à 100 %.

Ajouter la crème et cuire à nouveau 3 minutes à 100 %.

Verser la sauce sur les médaillons et servir aussitôt.

INGRÉDIENTS POUR 2 PERSONNES

4 médaillons de porc de 80 g chacun ; 20 g de farine ; 100 g de pruneaux dénoyautés ; 10 cl de vin rouge ; 5 cl d'huile ; 30 g de beurre ; 10 cl de jus de veau ; 10 cl de crème fraîche épaisse ; sel, poivre.

Vin conseillé : *Saumur Champigny.*

Garniture proposée : *pommes dauphines.*

Lapereau à l'espagnole

Tous les pays de garrigue et de maquis ont leur recette de lapin. L'Espagne en connaît l'une des meilleures

TEMPS DE CUISSON : 22 minutes

PRÉPARATION :	13 minutes
DIFFICULTÉ :	faible
CALORIES :	640 Kcal
PRIX :	moyen

Plat brunisseur
Plat à gratin en verre
Film

Couper le lapereau en huit morceaux. Les oignons, les poivrons et les champignons en fines lamelles.

Eplucher les pommes de terre et les couper en gros quartiers.

1

2

3

4

INGRÉDIENTS POUR 4 PERSONNES

1 lapereau de 1 kg; 5 cl d'huile; 100 g de poivron; 100 g d'oignon; 1 gousse d'ail; bouquet garni; 200 g de champignon; 500 g de pomme de terre; 40 g de beurre; 20 cl de jus de veau; 10 cl de vin blanc; sel, poivre.

Vin conseillé : *vin rosé d'Espagne.*

Garniture proposée : *carottes glacées ou polenta.*

Saler et poivrer les morceaux de lapereau.

Préchauffer le plat brunisseur 3 minutes à 100 %.

Mettre l'huile et 20 g de beurre ainsi que les morceaux de lapereau (**2**) dans le plat brunisseur. Cuire au four 8 minutes à 100 %. Remuer en cours de cuisson.

Faire fondre le reste de beurre dans le plat à gratin en le passant au four 1 minute à 100 %.

Ajouter les poivrons et les oignons. Les cuire 4 minutes à 100 %.

Ajouter les champignons (**3**) et le vin blanc. Cuire à nouveau 2 minutes à 100 %.

Ajouter les morceaux de lapereau (**4**), le jus de veau (**5**), l'ail écrasé et le bouquet garni. Couvrir avec un film percé et cuire 4 minutes à 100 %.

Ajouter les pommes de terre et terminer la cuisson en passant le tout au four 3 minutes à 100 %. Servir bien chaud.

5

Escalope de veau milanaise

Un grand classique de la cuisine italienne parfaitement adapté au micro-ondes

TEMPS DE CUISSON : **9 minutes**

PRÉPARATION :	**14 minutes**
DIFFICULTÉ :	**faible**
CALORIES :	**840 Kcal**
PRIX :	**moyen**

Plat brunisseur
Bol en terre

1

2

INGRÉDIENTS POUR 2 PERSONNES

2 escalopes de veau de 150 g ; 5 cl d'huile ; 30 g de beurre ; 50 g de farine ; 1 œuf ; 60 g de mie de pain ; 20 g de parmesan.
Pour la sauce : 10 g de beurre ; 20 g de champignon ; 20 g de jambon cuit ; 10 cl de jus de veau ; 10 g de tomate concentrée ; 1 cuillerée à café de Madère. Sel, poivre.
***Vin conseillé :** Merlot.*
***Garniture proposée :** spaghettis ou riz.*

3

4

5

Préparer la sauce : couper les champignons et le jambon en fine julienne (filaments) (**2**).

Fondre le beurre dans le bol 1 minute à pleine puissance.

Ajouter les champignons et le jambon. Suer au four 2 minutes à 100 %.

Ajouter le jus de veau (**3**), le sel, le poivre et la tomate concentrée (**4**). Cuire au four 3 minutes à 100 %.

Terminer la sauce en ajoutant le Madère (**5**).

Pour paner les escalopes : les aplatir ; les passer successivement dans la farine, l'œuf battu et la mie de pain mélangée au parmesan.

Préchauffer le plat brunisseur 4 minutes à 100 %.

Ajouter l'huile et le beurre. Sauter les escalopes 3 minutes à pleine puissance (retourner à mi-cuisson).

Servir aussitôt avec la sauce chaude à part. Surtout ne pas napper les escalopes qui ramolliraient.

Filet de volaille en oignonade

TEMPS DE CUISSON : **16 minutes**

Plat à gratin en verre
Film

Couper les oignons en fines lamelles et les champignons en fines tranches.

Dans le plat à gratin, réunir le beurre, les oignons et les champignons. Suer au four 3 minutes à 100 %.

Couper les blancs de poulet en lanières épaisses.

Ajouter le poulet aux légumes. Assaisonner, ajouter la sauce au soja et le jus de veau. Cuire au four 4 minutes à 100 %.

Retirer les filets de poulet du plat à gratin.

Ajouter la crème dans le plat et cuire au four 5 minutes à 100 %.

Remettre les filets de volaille dans la sauce. Couvrir avec un film percé et terminer la cuisson par 4 minutes à 75 %. Servir aussitôt.

PRÉPARATION :	**10 minutes**
DIFFICULTÉ :	**faible**
CALORIES :	**510 Kcal**
PRIX :	**faible**

INGRÉDIENTS POUR 3 PERSONNES

600 g de blanc de poulet ; 40 g de beurre ; 300 g d'oignon nouveau ; 200 g de champignon ; 20 cl de crème fraîche épaisse ; 10 cl de jus de veau ; 1 cuillerée à café de sauce au soja ; sel, poivre.
Vin conseillé : *Juliénas.*
Garniture proposée : *riz créole et rondelles de tomates étuvées, parfumées à l'estragon.*

Côte d'agneau farcie à la duxelles

TEMPS DE CUISSON : 8 minutes

Bol en terre
Plat brunisseur

PRÉPARATION	14 minutes
DIFFICULTÉ	faible
CALORIES	680 Kcal
PRIX	moyen

Tailler les oignons en petits dés et hacher les champignons.

Faire fondre le beurre dans le bol en terre en le passant au four 1 minute à pleine puissance.

Ajouter les oignons et les champignons. Cuire au four 3 minutes à 100 %.

Ajouter la mie de pain, le sel, le poivre, le persil haché et l'œuf battu. Mélanger le tout.

Inciser les côtelettes dans le sens de l'épaisseur.

Farcir l'intérieur avec la farce aux champignons (duxelles).

Maintenir les bords des côtelettes avec des bâtonnets en bois.

Préchauffer le plat brunisseur 4 minutes à 100 %.

Ajouter l'huile et les côtelettes. Saupoudrer de fleur de thym et cuire au four 4 minutes à 100 %. Retourner à mi-cuisson. Servir aussitôt.

INGRÉDIENTS POUR 3 PERSONNES

3 côtelettes d'agneau double ; 100 g d'oignon ; 50 g de champignon ; 50 g de mie de pain ; 1 œuf ; 1 cuillerée à café de persil haché ; 1 pincée de fleurs de thym ; 5 cl d'huile ; 40 g de beurre ; sel, poivre.

Vin conseillé : *Mercurey.*

Garniture proposée : *pommes boulangère et tomates provençale.*

Blanquette de veau à l'ancienne

Les bonnes traditions ne se perdent pas, même au four à micro-ondes, dans lequel vous réaliserez cette merveilleuse blanquette à l'ancienne

TEMPS DE CUISSON : 38 minutes	

PRÉPARATION :	4 minutes
DIFFICULTÉ :	moyenne
CALORIES :	730 Kcal
PRIX :	moyen

Blanchir la viande pendant 2 minutes à puissance maxi. La refroidir et l'égoutter.

Eplucher et laver les légumes.

Disposer dans la cocotte emplie d'eau la viande et les légumes. Couvrir avec un film percé. Cuire pendant 30 minutes à puissance maxi. Ecumer si nécessaire (suivant la qualité de la viande).

Confectionner un roux avec de la farine et du beurre (cuisson traditionnelle).

Verser le jus de cuisson sur le roux. Mettre au four pendant 2 minutes à puissance maxi. Mélanger toutes les minutes. Ajouter la crème fraîche. Assaisonner. Cuire 1 minute à 100 %.

Cuire les champignons dans de l'eau, avec du beurre et du jus de citron pendant 1 minute 30 à puissance maxi.

Verser la sauce sur la viande. Garnir de champignons et de rondelles de carottes. Couvrir d'un film. Rechauffer 1 minute 30 à puissance maxi.

Cocotte avec film
Jatte

INGRÉDIENTS POUR 4 PERSONNES

700 g de veau ; 200 g de carotte ; 200 g d'oignon ; 30 g de beurre ; 30 g de farine ; 200 g de champignon ; 1 citron ; sel, poivre.
Vin conseillé : *Beaujolais.*
Garniture proposée : *riz.*

Sauté de volaille aux girolles

Une façon toute simple de réhausser un sauté

TEMPS DE CUISSON :	**17 minutes**

PRÉPARATION :	**14 minutes**
DIFFICULTÉ :	**faible**
CALORIES :	**780 Kcal**
PRIX :	**élevé**

INGRÉDIENTS POUR 4 PERSONNES

1 poulet de 1,4 kg; 500 g de girolles en boîte; 50 g de beurre; 20 cl de crème fraîche épaisse; 1/2 citron; 1 cuillerée à potage de fines herbes (estragon, cerfeuil, persil); sel, poivre.
***Vin conseillé :** Haut Médoc.*
***Garniture proposée :** pommes de terre sautées.*

1

2

3

4

Egoutter la boîte de girolles. Réserver le jus.

Couper le poulet en huit morceaux (**2**).

Préchauffer le plat brunisseur 4 minutes à 100 %.

Ajouter le beurre et les morceaux de poulet. Saler et poivrer. Cuire 8 minutes à 100 %. Retourner les morceaux à mi-cuisson.

Verser le jus des girolles dans le bol en verre. Passer au four 2 minutes à 100 % pour faire réduire.

Ajouter le jus de citron, les girolles (**3**) et la crème fraîche (**4**). Cuire 4 minutes à 100 %.

Verser la sauce sur les morceaux de poulet dans le plat brunisseur. Réchauffer 3 minutes à 100 %.

Saupoudrer de fines herbes hachées avant de servir.

Plat brunisseur
Bol en verre

Boulettes de bœuf braisé

TEMPS DE CUISSON : 12 minutes

PRÉPARATION	: *10 minutes*
DIFFICULTÉ	: *faible*
CALORIES	: *760 Kcal*
PRIX	: *moyen*

Hacher la poitrine de porc. Mélanger le porc et le bœuf haché avec 10 g de fécule, l'œuf, le porto, le gingembre. Saler et poivrer.

Verser dans un plat creux, le bouillon de bœuf, le sucre et la sauce de soja. Cuire 4 minutes à 100 %.

Lier avec 10 g de fécule diluée dans un peu d'eau.

Préchauffer le plat brunisseur 3 minutes à 100 %.

Ajouter l'huile et les boulettes de farce. Cuire au four 2 minutes à 100 %.

Egoutter les boulettes et disposer dans la sauce du plat creux.

Réchauffer l'ensemble 3 minutes à 75 %. Servir immédiatement.

Plat brunisseur creux
Plat creux en verre

INGRÉDIENTS POUR 3 PERSONNES

300 g de bœuf haché ; 100 g de poitrine fraîche de porc ; 1 œuf ; 20 g de fécule ; 10 cl d'huile ; 5 cl de porto blanc ; 20 cl de bouillon de bœuf ; 3 cuillerées à soupe de sauce de soja ; 2 pincées de gingembre moulu ; 1 pincée de sucre ; sel, poivre.

Vin conseillé : *Saint-Nicolas de Bourgogne.*

Accompagnement proposé : *épinards étuvés au beurre ou riz.*

6

Légumes et pâtes

Gratin dauphinois

Un grand classique de la cuisine traditionnelle, accompagnement idéal de bien des plats

TEMPS DE CUISSON : 15 minutes	

PRÉPARATION :	15 minutes
DIFFICULTÉ :	faible
CALORIES :	370 Kcal
PRIX :	faible

INGRÉDIENTS POUR 6 PERSONNES

1 kg de pommes de terre; 1/2 gousse d'ail; 30 g de beurre; 1 jaune d'œuf; 50 cl de lait; 20 cl de crème fraîche; 100 g de gruyère râpé; sel, poivre, muscade râpée.

Vin conseillé : *Vin de Savoie (Crépy blanc).*

Eplucher les pommes de terre, et les émincer en rondelles de 3 mm d'épaisseur.

Confectionner un appareil composé d'un jaune d'œuf, du lait et de la crème fraîche. Assaisonner.

Disposer les pommes de terre dans un plat préalablement beurré et aillé. Verser l'appareil qui vient d'être confectionné. Saupoudrer de gruyère râpé.

Cuire graduellement, pendant 5 minutes à puissance maxi, pendant 5 minutes à 75 %, enfin pendant 5 minutes à mi-puissance.

Passer sous la rampe du grill pendant 5 minutes (celui de votre four à micro-ondes s'il en est équipé, ou dans votre rôtissoire ou encore dans votre four classique).

Plat à gratin rond ou ovale

Lentilles à la paysanne

TEMPS DE CUISSON : 27 minutes

PRÉPARATION :	5 minutes
DIFFICULTÉ :	faible
CALORIES :	450 Kcal
PRIX :	faible

Plat creux en verre avec couvercle

Couper les carottes, les oignons, les navets et le céleri en petits dés.

Faire fondre le beurre dans le plat creux en le passant au four 1 minute à 100 %.

Ajouter les quatre légumes taillés en dés et le morceau de lard en entier (**2**). Suer au beurre 3 minutes à 100 %.

Ajouter les lentilles, l'ail écrasé et le bouquet garni.

Assaisonner et verser 1,5 l d'eau (**3**). Couvrir et cuire au four 23 minutes à 100 %.

Couper le lard en fines tranches et servir aussitôt.

INGRÉDIENTS POUR 4 PERSONNES

400 g de lentilles vertes ; 80 g d'oignon ; 100 g de navet ; 150 g de carotte ; 100 g de céleri branches ; bouquet garni ; 1 gousse d'ail ; 200 g de poitrine fumée ; 50 g de beurre ; sel, poivre.

1

2

3

Terrine de courgettes

Canneler 2 courgettes et les couper en rondelles fines. Les blanchir (les plonger dans l'eau bouillante), cuire au four 1 minute à 100 % (**1**).

Rafraîchir et égoutter. Couper les autres courgettes en gros tronçons de 3 à 4 cm. Mettre dans le plat profond avec le beurre, le sel, le poivre et quelques cuillères d'eau. Cuire à couvert 4 minutes à 100 %.

Garnir le moule beurré avec les rondelles de courgettes blanchies (**2**).

Confectionner la purée de courgettes (**3**) : les écraser, ajouter les œufs battus, assaisonner. Il est recommandé d'évacuer le maximum de l'eau contenue dans les courgettes avant de les écraser.

Mettre la purée obtenue dans le moule garni. Cuire l'ensemble au four 5 minutes à 50 % et 2 minutes à 100 %.

TEMPS DE CUISSON : 12 minutes

PRÉPARATION	: 15 minutes
DIFFICULTÉ	: faible
CALORIES	: 180 Kcal
PRIX	: faible

Démouler avant de servir.

Ce plat peut se servir chaud ou froid.

INGRÉDIENTS POUR 6 PERSONNES

1 kg de courgette ; 20 g de beurre ; 3 œufs ; sel, poivre.

Vin conseillé : *Rosé de Provence.*

Accompagnement proposé : *aiguillette de canard au vinaigre de framboise.*

Plat profond en verre
Moule à bord droit en verre ou grands ramequins en verre

1

2

3

Riz aux poivrons

1

2

TEMPS DE CUISSON : 11 minutes	

PRÉPARATION	: 10 minutes
DIFFICULTÉ	: faible
CALORIES	: 300 Kcal
PRIX	: faible

Plat profond en verre

Couper les oignons et les poivrons en petits dés.

Verser l'huile dans le plat profond. Ajouter les oignons et les poivrons (**1**). Suer au four 1 minute à pleine puissance.

Mesurer le volume de riz. Mesurer le volume d'eau (ce dernier étant du double). Faire bouillir l'eau.

Verser le riz avec oignon et poivron. Mélanger, ajouter l'assaisonnement, le bouquet garni et l'eau bouillante. Cuire au four à découvert 10 minutes à 100 %.

Ajouter le beurre en morceaux après cuisson.

Avant de servir, égrener le riz avec une fourchette. Pour lui donner plus de couleur, ajouter quelques grains de maïs et quelques petits pois cuits bien verts.

INGRÉDIENTS POUR 4 PERSONNES

200 g de riz long ; 50 g d'oignon ; 50 g de poivron rouge ; 50 g de poivron vert ; 5 cl d'huile ; 50 g de beurre ; bouquet garni ; sel, poivre.
Vin conseillé : *Côtes du Rhône.*
Accompagnement proposé : *brochette mixte grillée.*

Pommes Arlie

Un grand classique de la cuisine traditionnelle française, qui fait de simples pommes de terre un plat très raffiné

TEMPS DE CUISSON : 11 minutes

PRÉPARATION	5 minutes
DIFFICULTÉ	faible
CALORIES	360 Kcal
PRIX	faible

INGRÉDIENTS POUR 6 PERSONNES

1,2 kg de pommes de terre moyennes ; 20 cl de crème fraîche ; 50 g de beurre ; persil ; ciboulette ; sel, poivre.

Vin conseillé : Mâcon rouge.

Accompagnement proposé : viandes grillées ou sautées nature.

CUISSON DES POMMES DE TERRE

Les pommes de terre cuisent bien au micro-ondes ; notez qu'elles cuisent plus vite entières que coupées.

Plateau tournant ou Plat en verre

Laver les pommes de terre avec la peau.

Cuire au four 5 minutes à pleine puissance.

Découper le chapeau des pommes de terre. Vider l'intérieur et récupérer la pulpe.

Préparer la pulpe : l'écraser ; ajouter la crème fraîche, le beurre, le sel, le poivre, les fines herbes hachées.

Regarnir les pommes de terre avec la pulpe préparée.

Réchauffer au four pendant 1 minute à 100 %.

Passer sous le grill pendant 5 minutes.

Choux braisés farcis

TEMPS DE CUISSON : 13 minutes	

PRÉPARATION :	10 minutes
DIFFICULTÉ :	faible
CALORIES :	340 Kcal
PRIX :	faible

INGRÉDIENTS POUR 4 PERSONNES

1/2 chou vert.
Pour la farce : 150 g de chair à saucisse ; 100 g de carotte ; 50 g d'oignon ; 1 œuf.
20 g de beurre ; 40 cl de jus de veau ; sel, poivre.
Vin conseillé : *Beaujolais Villages.*
Garniture proposée : *Riz pilaf (il devient alors un plat unique).*

Dans de l'eau bouillante, blanchir les feuilles de chou 3 minutes à pleine puissance.

Préparer la farce : mélanger la chair à saucisse, le persil, la ciboulette, les carottes et les oignons en petits dés, l'œuf, le sel et le poivre.

Farcir les feuilles de chou et les ficeler bien serrés.

Dresser les petits choux farcis sur un plat à gratin beurré.

Ajouter le jus de veau jusqu'à la hauteur des choux. Cuire à découvert 5 minutes à 100 %, puis 5 minutes à 75 %.

Plat creux en verre
Plat à gratin en verre

Haricots verts tourangelle

TEMPS DE CUISSON : 26 minutes	

PRÉPARATION :	10 minutes
DIFFICULTÉ :	faible
CALORIES :	600 Kcal
PRIX :	moyen

Plat à bord opaque
Petite marmite avec couvercle

Blanchir les flageolets, les haricots verts. Couper les oignons en petits dés.

Pour préparer le roux, fondre le beurre et les oignons dans une marmite en passant 1 minute à puissance maxi.

INGRÉDIENTS POUR 4 PERSONNES

150 g de flageolet ; 500 g de haricot vert ; 75 cl de bouillon de bœuf ; 40 g de farine ; 40 g de beurre ; 1 gousse d'ail ; 100 g d'oignon ; sel, poivre ; bouquet garni ; ciboulette hachée.
Vin conseillé : *Saumur-Champigny.*
Garniture proposée : *viandes d'agneau rôties ou grillées.*

Ajouter la farine. Mélanger. Verser le bouillon de bœuf. Porter à ébullition en laissant 5 minutes à 100 % en remuant de temps en temps.

Ajouter les flageolets, l'ail, le sel, le poivre et le bouquet garni. Couvrir. Cuire au four 15 minutes à 100 %.

Mettre les haricots verts. Terminer la cuisson 5 minutes à 75 %.

Avant de servir, parsemer de ciboulette hachée.

Fenouil braisé

Un plat très simple, économique, facile à réaliser, et qui sent bon la Provence

TEMPS DE CUISSON : 11 minutes

PRÉPARATION	10 minutes
DIFFICULTÉ	faible
CALORIES	260 Kcal
PRIX	faible

Plat profond en verre avec couvercle

INGRÉDIENTS POUR 4 PERSONNES

1,2 kg de fenouil frais ; 75 g de poitrine salée grasse ; 50 g d'oignon ; 1,5 l de bouillon de bœuf ; 30 g de beurre ; 10 cl de jus de veau ; 200 g de tomate concassée ; 150 g de jambon blanc ; sel, poivre.
Vin conseillé : *vin du pays de l'Aude.*
Accompagnement proposé : *agneau grillé ou brochettes mixtes.*

Réunir dans un plat creux les fenouils coupés en deux ou quatre, la poitrine salée grasse, les oignons, le bouillon de bœuf ou à défaut l'eau, le beurre et l'assaisonnement.

Cuire à couvert 8 minutes à pleine puissance après reprise de l'ébullition.

En fin de cuisson, éliminer le jus. Ajouter la tomate concassée, le jus de veau et le jambon coupé en lanières.

Cuire au four 3 minutes à 100 % avant de servir.

Les fenouils braisés peuvent être également servis en gratin.

Emincé de chou vert

INGRÉDIENTS POUR 4 PERSONNES

1 chou vert de 1 kg ; 100 g de poitrine salée ; 50 g d'oignon ; 2 gousses d'ail ; 50 g de beurre ; sel, poivre.
Vin conseillé : *Riesling.*
Accompagnement proposé : *saucisse de Morteau pochée ou boudin sauté.*

TEMPS DE CUISSON : 12 minutes

PRÉPARATION	5 minutes
DIFFICULTÉ	faible
CALORIES	250 Kcal
PRIX	faible

Plat à gratin en verre
Bol

Couper le lard en petits dés. Mettre dans un bol avec de l'eau à hauteur.

Blanchir au four 1 minute à pleine puissance. Rafraîchir, égoutter.

Fondre le beurre dans le plat à gratin. Ajouter les oignons et le lard. Suer 1 minute à 100 %.

Ajouter le chou préalablement émincé, l'ail écrasé et l'assaisonnement. Couvrir d'eau à mi-hauteur.

Recouvrir avec un film percé. Cuire au four 10 minutes à pleine puissance.

Haricots verts sautés aux noisettes

TEMPS DE CUISSON : 14 minutes

PRÉPARATION :	10 minutes
DIFFICULTÉ :	faible
CALORIES :	300 Kcal
PRIX :	moyen

INGRÉDIENTS POUR 4 PERSONNES

800 g de haricot vert fin frais; 75 g de noisette concassée; 200 g de tomate concassée; 50 g de beurre; sel, poivre.
Vin conseillé : Chinon.

Cuire les haricots verts dans un plat creux en verre à l'eau bouillante salée. Couvrir et cuire 12 minutes à pleine puissance.

Concasser les noisettes. Préparer la tomate concassée.

Egoutter les haricots verts, les disposer dans un plat à gratin, assaisonner et ajouter le beurre.

Parsemer de noisettes concassées. Garnir le dessus avec des bouquets de tomates.

Maintenir au chaud 2 minutes à 75 %.

Plat creux en verre avec couvercle
Plat à gratin

Courgettes farcies au thon

TEMPS DE CUISSON : 25 minutes	

PRÉPARATION	8 minutes
DIFFICULTÉ	faible
CALORIES	290 Kcal
PRIX	faible

Cocotte avec couvercle

INGRÉDIENTS POUR 4 PERSONNES

1 kg de courgette ; 100 g d'oignon ; 7 cl d'huile d'olive ; 160 g de riz ; bouquet garni ; 1 petite boîte de thon ; 100 g de tomate ; 1 petite boîte de sauce tomate ; sel.

Vin conseillé : *Rosé du Béarn.*

Laver, tronçonner, canneler et évider partiellement les courgettes.

Dans une cocotte, avec de l'huile d'olive, suer les oignons taillés en petits dés et la pulpe des courgettes 2 minutes à 100 %, puis 2 minutes à 75 %.

Ajouter le riz, verser l'eau bouillante salée (2,5 fois le volume de riz) et le bouquet garni. Couvrir et cuire 12 minutes à 100 %.

Laisser reposer 3 minutes.

Mélanger le thon émietté avec le riz.

Ajouter les tomates coupées en dés et la sauce tomate.

Farcir les courgettes et chauffer 3 minutes à 100 %.

Passer sous le grill de votre rôtissoire 6 minutes pour colorer.

Servir tel quel, avec un cordon de sauce tomate autour des courgettes.

Spaghettis milanaise

TEMPS DE CUISSON : 15 minutes

PRÉPARATION :	5 minutes
DIFFICULTÉ :	faible
CALORIES :	620 Kcal
PRIX :	faible

INGRÉDIENTS POUR 4 PERSONNES

250 g de spaghetti ; 5 cl d'huile. Pour la garniture : 20 g de beurre ; 50 g de champignon de Paris ; 50 g de jambon cuit ; 5 cl de porto ; 30 cl de jus de veau ; 20 g d'échalote ; 300 g de tomate concassée ; ail ; bouquet garni.
***Vin conseillé :** Chianti.*

Plat creux en verre
Bol large opaque

Verser l'eau bouillante salée dans le plat creux. Ajouter l'huile et les spaghettis.

Couvrir et cuire au four 5 minutes à pleine puissance. Remuer en cours de cuisson.

Préparer la garniture : dans un bol, suer au beurre les échalotes en dés, les champignons en filaments et le jambon en lanières 2 minutes à 100 % ; ajouter le porto, le jus de veau, cuire 1 minute à 100 % ; ajouter la tomate concassée, l'ail, le bouquet garni, le sel et le poivre ; couvrir avec un film percé ; cuire au four 5 minutes à 100 %.

Dans un plat creux, tiédir les spaghettis avec une noix de beurre au four 2 minutes à 75 %.

Verser la sauce avec la garniture sur les spaghettis.

Potée de légumes

TEMPS DE CUISSON : 8 minutes

Nos ancêtres parlaient de chou gras, nos grand-mères de potée. Le micro-ondes relève le défi des plats les plus anciens

PRÉPARATION :	10 minutes
DIFFICULTÉ :	faible
CALORIES :	320 Kcal
PRIX :	faible

Plat creux en terre à bord haut
Film

INGRÉDIENTS POUR 4 PERSONNES

1/2 chou-fleur ; 300 g de carotte ; 200 g de haricot vert ; 150 g de petits oignons ; 100 g de champignon ; 200 g de navet ; 75 cl de bouillon de bœuf ; 200 g de poitrine salée.

Vin conseillé : *Madiran.*

Accompagnement proposé : *pommes de terre nature ; saucisses de Morteau pochées.*

Eplucher et laver tous les légumes.

Tailler le chou-fleur en bouquet ; tourner les carottes et les navets (leur donner une forme de gousse d'ail allongée).

Laisser les champignons, les oignons et les haricots verts en entier.

Réunir la poitrine salée, les carottes dans le plat creux. Ajouter 25 cl de bouillon de bœuf. Couvrir d'un film percé. Cuire 2 minutes à 100 %.

Ajouter les autres légumes et le reste du bouillon de bœuf chaud. Cuire l'ensemble 6 minutes à 100 %.

Laisser reposer. Couper la poitrine en petites tranches. Servir avec le bouillon.

Saupoudrer d'herbes fraîches avant de servir.

En ajoutant des saucisses de Morteau, vous obtenez un plat complet.

Moussaka

TEMPS DE CUISSON : 24 minutes

Que l'on soit Grec ou Turc, tout le monde s'accorde pour faire de la moussaka l'un des meilleurs plats méditerranéens

PRÉPARATION :	20 minutes
DIFFICULTÉ	: moyenne
CALORIES	: 360 Kcal
PRIX	: moyen

Cuire 1 kg d'aubergine entière au four 10 minutes à pleine puissance.

Couper le deuxième kilo d'aubergine en rondelles. Faire revenir dans l'huile d'olive sur feu vif (façon traditionnelle). Egoutter.

Réaliser la béchamel. Concasser les tomates. Couper les oignons en petits dés.

Eplucher et écraser les aubergines cuites entières.

Fondre le beurre dans le plat creux 1 minute à 100 %. Ajouter les oignons et les suer 1 minute à 100 %. Ajouter la purée d'aubergine, les tomates, 3 cuillerées de béchamel, la cannelle, le sel et le poivre.

Beurrer le plat à gratin. Disposer par couches successives les rondelles d'aubergine sautées et la purée d'aubergine.

Incorporer les œufs dans la béchamel restante. Verser dans le plat à gratin. Saupoudrer de fromage râpé. Cuire au four 7 minutes à 100 %. Terminer la cuisson en passant sous le grill 5 minutes.

INGRÉDIENTS POUR 6 PERSONNES

2 kg d'aubergine ; 10 cl d'huile d'olive ; 150 g d'oignon ; 20 g de beurre ; 200 g de tomate concassée ; 75 cl de béchamel ; 2 œufs ; 150 g de fromage râpé ; cannelle ; sel, poivre.

***Vin conseillé** : rosé de Touraine.*

Plat creux en verre avec couvercle
Plat à gratin opaque

Polenta

TEMPS DE CUISSON : 10 minutes

Plat creux en verre avec couvercle

Dans le plat creux, porter à ébullition le lait, l'eau, le beurre, le sel et la muscade 3 minutes à 100 %.

Ajouter la semoule. Remuer, couvrir.

Cuire au four 5 minutes à 100 %. (Remuer deux ou trois fois en cours de cuisson).

Avant de servir, ajouter des dés d'oignon préalablement sautés dans une jatte 2 minutes à 100 %.

Peut également être refroidie sur plat huilé, découpée en quartiers et sautée au beurre.

PRÉPARATION	5 minutes
DIFFICULTÉ	très faible
CALORIES	280 Kcal
PRIX	très moyen

INGRÉDIENTS POUR 4 PERSONNES

130 g de semoule de maïs précuite ; 40 cl d'eau ; 30 g de beurre ; 15 cl de lait ; 50 g d'oignon ; sel, muscade.

Accompagnement proposé : *lapereau à la moutarde.*

Chartreuse de betterave rouge et de chou vert

Beurrer les ramequins.

Préparer la mousse de betterave : passer les betteraves au mixeur ; égoutter pour enlever le maximum d'eau ; assaisonner ; ajouter les blancs d'œufs.

Cuire les carottes, les navets coupés en bâtonnets 10 minutes à pleine puissance et les haricots verts également 10 minutes à 100 %.

Disposer, en alternant, les bâtonnets de carotte, de navet et les haricots verts autour du moule beurré.

Ajouter dans le moule la mousse de betterave et le chou vert cuit haché.

TEMPS DE CUISSON : 32 minutes

PRÉPARATION	10 minutes
DIFFICULTÉ	faible
CALORIES	180 Kcal
PRIX	faible

4 ramequins en verre

Cuire au four l'ensemble 10 minutes à 50 % puis 2 minutes à 100 %.

Démouler et servir.

La chartreuse peut être dégustée froide avec une sauce au vinaigre. Chaude, elle peut servir d'élément de garniture avec un gibier en sauce.

INGRÉDIENTS POUR 4 PERSONNES

400 g de betterave rouge cuite ; 3 blancs d'œufs ; 100 g de carotte ; 100 g de navet ; 100 g de haricots verts ; 150 g de chou vert cuit ; 20 g de beurre ; sel, poivre.

Courgettes provençale

Plat méditerranéen par excellence, la courgette se doit d'être cuisinée comme là-bas...

1

2

3

TEMPS DE CUISSON : 10 minutes

PRÉPARATION	: 10 minutes
DIFFICULTÉ	: faible
CALORIES	: 140 Kcal
PRIX	: faible

Plat à gratin en verre
Film

Huiler le plat. Ajouter les oignons en petits dés, l'ail haché, les herbes de Provence, le sel et le poivre.

Parer (couper) les deux extrémités (**2**) des courgettes. Les émincer sur les 4/5 de la longueur.

Intercaler entre chaque tranche une rondelle de tomate (**3**).

Déposer sur le plat à gratin. Ajouter 2 cuillerées d'eau. Couvrir d'un film percé. Cuire au four 10 minutes à pleine puissance.

Laisser reposer 3 minutes avant de servir.

INGRÉDIENTS POUR 2 PERSONNES

4 petites courgettes; 2 tomates; 5 cl d'huile d'olive; 40 g d'oignon; 3 gousses d'ail; 1 pincée d'herbes de Provence; sel, poivre.
Vin conseillé : *rosé de Provence.*
Accompagnement proposé : *viandes grillées.*

Fagots d'asperges

TEMPS DE CUISSON : 10 minutes

PRÉPARATION	: 10 minutes
DIFFICULTÉ	: faible
CALORIES	: 220 Kcal
PRIX	: élevé

Plat à gratin en verre
Film

INGRÉDIENTS POUR 4 PERSONNES

1 kg d'asperges fines; 20 g de beurre; 1/2 citron; 20 cl d'eau; 4 fines tranches de jambon de Bayonne; sel, poivre.

Eplucher et laver les asperges.

Mettre dans le plat à gratin. Ajouter le sel, le jus de citron, le beurre et 20 cl d'eau.

Couvrir avec un film percé. Cuire au four 10 minutes à pleine puissance.

Laisser reposer 5 minutes.

Egoutter les asperges. Réaliser les fagots en enveloppant la partie centrale des asperges avec le jambon de Bayonne.

Si vous servez ce plat chaud : repasser au four sur un plat beurré 2 minutes à pleine puissance; sinon, l'accompagner d'une sauce vinaigrette.

Spaghettis bolognaise

TEMPS DE CUISSON : 25 minutes

PRÉPARATION :	15 minutes
DIFFICULTÉ	: faible
CALORIES	: 700 Kcal
PRIX	: faible

INGRÉDIENTS POUR 4 PERSONNES

320 g de spaghetti ; 6 cl d'huile ; 1,5 l d'eau ; 400 g de tomate ; 20 g d'échalote ; 10 g de beurre ; bouquet garni ; 1 gousse d'ail ; 200 g de queue de filet de bœuf ; 30 g d'oignon ; 20 cl de fond de veau brun ; 80 g de gruyère râpé ou de parmesan ; sel, poivre.
Vin conseillé : *Saumur rouge ou Beaujolais primeur.*

Mettre l'eau chaude, le sel et 3 cl d'huile dans une cocotte. Faire bouillir 3 minutes à pleine puissance.

Ajouter les spaghettis. Couvrir et cuire 6 minutes 30 à 100 %. Remuer une fois en cours de cuisson.

Laisser reposer 5 minutes et rafraîchir (passer sous l'eau froide).

Passer les tomates au four 30 secondes à 75 % pour en retirer la peau. Les couper en deux. Eliminer les pépins, les presser et les concasser.

Dans une jatte, ajouter le beurre, les échalotes ciselées, la tomate, le bouquet garni, l'ail. Assaisonner. Couvrir et cuire 8 minutes à 100 %.

Laisser reposer 2 minutes. Passer à la moulinette.

Faire chauffer le plat brunisseur 5 minutes à pleine puissance. Mettre les dés de queue de filet et les saisir à l'huile 2 minutes à 0 %. Débarrasser et égoutter.

Ajouter l'oignon ciselé et le fond de veau. Verser le tout dans une jatte.

Cuire à couvert 4 minutes à 100 %.

Ajouter les dés de viande et l'assaisonnement. Cuire à nouveau 1 minute à 50 %. Ajouter le gruyère râpé ou le parmesan. Dresser le tout séparément ou mélanger.

Cocotte avec couvercle
Plat creux
Jatte
Plat brunisseur

Purée d'épinards au beurre noisette

TEMPS DE CUISSON :	12 minutes

PRÉPARATION :	10 minutes
DIFFICULTÉ	: faible
CALORIES	: 320 Kcal
PRIX	: faible

INGRÉDIENTS POUR 2 PERSONNES

400 g d'épinards frais ; 20 cl de béchamel ; 1 cuillerée à potage de crème épaisse ; 50 g de beurre ; sel, poivre.

Accompagnement proposé : *œuf poché ou mollet, escalopes de veau sautées.*

Equeuter et laver les épinards. Réunir dans le plat creux les épinards salés, 10 g de beurre, 10 cl d'eau. Tasser les feuilles. Couvrir et cuire 5 minutes à 100 %. Si vous utilisez des épinards surgelés, diminuer de 2 minutes le temps de cuisson après décongélation.

Mélanger en cours de cuisson. Egoutter les épinards et les passer au mixeur en ajoutant la béchamel et le poivre.

Incorporer ensuite la crème fraîche. Mélanger.

Faire fondre le beurre dans le bol en terre 3 minutes à 100 % jusqu'à ce qu'il obtienne une couleur noisette (le beurre doit mousser dans le récipient).

Ajouter la purée d'épinards dans le beurre noisette. Mélanger et couvrir d'un film percé. Remettre en température au four 4 minutes à 75 %. Servir aussitôt.

Endives meunière

TEMPS DE CUISSON :	15 minutes

Enlever la partie noirâtre à la base des endives sur une fine épaisseur. Eliminer les feuilles défraîchies et laver les endives.

Réunir dans un plat creux les endives, le jus de citron, 20 g de beurre, la pincée de sucre, le sel et le poivre.

Ajouter de l'eau à mi-hauteur. Couvrir et cuire 12 minutes à 100 %. Si vous voulez manger les endives légèrement croquantes, réduire le temps de cuisson à 8 minutes. Retourner à mi-cuisson.

Egoutter les endives et laisser refroidir.

Préchauffer le plat brunisseur 3 minutes à pleine puissance.

Passer les endives successivement dans la farine puis dans l'œuf battu.

Mettre le reste de beurre et l'huile dans le plat brunisseur. Ajouter les endives et cuire au four 3 minutes à 100 %. Retourner à mi-cuisson.

Servir après avoir saupoudré de persil haché.

PRÉPARATION :	13 minutes
DIFFICULTÉ	: faible
CALORIES	: 280 Kcal
PRIX	: faible

Plat creux en verre avec couvercle
Plat brunisseur

INGRÉDIENTS POUR 4 PERSONNES

1 kg d'endive de grosseur moyenne ; 1/2 citron ; 100 g de beurre ; 1 pincée de sucre ; 50 g de farine ; 2 œufs ; 5 cl d'huile ; 30 g de persil ; sel, poivre.

Accompagnement proposé : *pièce de gibier rôtie ou pièce de bœuf braisée.*

Pomme de terre berrichonne

TEMPS DE CUISSON : 12 minutes

PRÉPARATION	10 minutes
DIFFICULTÉ	faible
CALORIES	420 Kcal
PRIX	faible

Plat à gratin en verre
Bol en terre
Film

INGRÉDIENTS POUR 6 PERSONNES

1,2 kg de pomme de terre ; 50 g de beurre ; 150 g de poitrine salée ; 100 g de carotte ; 100 g d'oignon ; 100 g de blanc de poireau ; 1 gousse d'ail ; bouquet garni ; 50 cl de bouillon de bœuf ; 1 os de mouton ; sel, poivre.
Vin conseillé : *Saint-Pourçain.*
Accompagnement proposé : *pièces d'agneau sautées ou grillées, gigot de lotte.*

Couper les pommes de terre épluchées en cubes.

Découper la poitrine salée en lardons.

Couper carottes, oignons et poireaux en petits dés.

Faire bouillir le bouillon de bœuf 3 minutes à pleine puissance.

Réunir dans le plat à gratin le beurre, la poitrine salée, les carottes, les oignons et les poireaux.

Suer l'ensemble au four, à découvert, 3 minutes à 100 %.

Ajouter les pommes de terre en cubes, l'ail, le bouquet garni, l'os de mouton, le sel et le poivre. Ajouter le bouillon de bœuf bouillant.

Couvrir d'un film percé. Cuire au four 6 minutes à 100 %.

Laisser reposer environ 5 minutes avant de servir.

Eventuellement, saupoudrer d'herbes fraîches hachées, ajouter sur le dessus du plat quelques tranches de fromage de chèvre et passer sous le grill avant de servir.

Ratatouille méridionale

TEMPS DE CUISSON : 12 minutes	

PRÉPARATION :	15 minutes
DIFFICULTÉ :	faible
CALORIES :	400 Kcal
PRIX :	moyen

Plat creux en verre

Tailler les oignons en fines tranches. Emincer les poivrons. Tailler courgettes et aubergines en gros dés. Hacher l'ail. Tailler les tomates en quartiers. Préparer un bouquet garni.

Suer les oignons et les poivrons dans un plat creux avec de l'huile d'olive, pendant 4 minutes à 75 %.

Ajouter les aubergines et les courgettes, l'ail, le sel et le poivre, le bouquet garni. Cuire 5 minutes à pleine puissance.

Ajouter les quartiers de tomates. Couvrir d'un film percé, et cuire encore pendant 3 minutes à pleine puissance.

Laisser reposer 5 minutes.

INGRÉDIENTS POUR 6 PERSONNES

200 g de poivron ; 150 g d'oignon ; 200 g de tomate ; 2 gousses d'ail ; 1 bouquet garni ; 600 g de courgette ; 600 g d'aubergine ; 10 cl d'huile d'olive ; sel, poivre.

Vin conseillé : *Rosé de Provence.*

Jardinière de légumes

TEMPS DE CUISSON : 41 minutes	

PRÉPARATION :	5 minutes
DIFFICULTÉ :	faible
CALORIES :	220 Kcal
PRIX :	faible

Plat à vapeur
4 bols profonds en verre

Eplucher et tailler les carottes et les navets en bâtonnets de 6 cm de long sur 0,5 cm d'épaisseur.

Faire bouillir de l'eau salée dans 4 récipients différents en passant au four 5 minutes à 100 %.

Verser chaque légume dans un récipient.

Cuire tous les légumes à 100 % ; les carottes 8 minutes ; les navets 6 minutes ; les petits pois et les haricots verts 10 minutes.

Egoutter les légumes et les rassembler dans un plat vapeur. Assaisonner et ajouter le beurre.

Maintenir au chaud, à couvert 2 minutes à 50 %.

INGRÉDIENTS POUR 4 PERSONNES

500 g de carotte ; 500 g de navet ; 150 g de haricot vert ; 150 g de petits pois ; 100 g de beurre ; sel, poivre.

Coquillettes carbonara

Cette recette nous vient tout droit de la profondeur des forêts italiennes. Un plat très unitaire

TEMPS DE CUISSON : 12 minutes

PRÉPARATION	: 5 minutes
DIFFICULTÉ	: faible
CALORIES	: 660 Kcal
PRIX	: faible

Plat creux en verre
Plat à gratin

INGRÉDIENTS POUR 2 PERSONNES

160 g de coquillettes ; 40 g de beurre ; 150 g de poitrine fumée ; 30 g de parmesan ; 1 œuf ; 2 jaunes d'œufs ; 10 cl de crème fraîche épaisse ; 5 cl d'huile ; sel, poivre.

1

2

3

4

5

Dans un plat creux, verser 1 l d'eau. Saler et mettre l'huile. Faire bouillir en passant au four 3 minutes à 100 %.

Ajouter les coquillettes en pluie. Couvrir et cuire 5 minutes à 100 %. Remuer en cours de cuisson. Laisser reposer 3 minutes et égoutter sans rafraîchir.

Huiler légèrement le plat à gratin. Ajouter la poitrine fumée coupée en petits dés (**2**). Faire rissoler 2 minutes à pleine puissance.

Ajouter la crème fraîche (**3**) et cuire 1 minute à 100 %.

Mélanger l'œuf, les jaunes, le parmesan, le sel et le poivre (**4**).

Ajouter les coquillettes dans le plat à gratin. Mélanger et chauffer 1 minute à 100 %.

Verser le mélange œuf-fromage dessus (**5**).

Attention, il est impératif que les coquillettes soient bien chaudes avant d'incorporer les œufs crus.

Brocolis au riesling

TEMPS DE CUISSON : 17 minutes

PRÉPARATION	*: 5 minutes*
DIFFICULTÉ	*: faible*
CALORIES	*: 280 Kcal*
PRIX	*: faible*

Plat creux en verre
Plat à gratin

Préparer les brocolis en bouquets.

Dans le plat creux en verre, faire bouillir 1,5 l d'eau salée en passant au four 4 minutes à pleine puissance.

Ajouter les brocolis et les cuire 8 minutes à 100 %.

Dans le plat à gratin, mettre le beurre, l'huile et l'ail haché. Cuire 2 minutes à 100 %.

Ajouter quelques zestes et le jus d'orange, ainsi que le vin.

Passer au four 3 minutes à 100 % pour obtenir une consistance sirupeuse.

Ajouter les brocolis égouttés et les enduire de sirop de vin. Servir légèrement tiède.

INGRÉDIENTS POUR 4 PERSONNES

1 kg de brocoli ; 5 cl d'huile d'olive ; 20 g de beurre ; 2 gousses d'ail ; 10 cl de riesling ; 1 orange ; sel.
Accompagnement proposé : *escalopes de poissons crus.*

Petits pois bourgeoise

Traditionnellement longue et minutieuse, la cuisine bourgeoise trouve un second souffle grâce au micro-ondes

TEMPS DE CUISSON : 13 minutes

PRÉPARATION	: 10 minutes
DIFFICULTÉ	: faible
CALORIES	: 230 Kcal
PRIX	: faible

INGRÉDIENTS POUR 2 PERSONNES

300 g de petits pois surgelés ; 30 g de beurre ; 4 feuilles de laitue ; 1 pincée de sucre ; 300 g de carotte nouvelle ; 50 g de petits oignons ; 10 cl de crème fraîche épaisse ; 1 jaune d'œuf ; 50 g de couenne de porc ou de tranche de poitrine salée ; sel, poivre.

Accompagnement proposé : *pièce de veau rôtie.*

Couper les feuilles de laitue en filaments. Eplucher les oignons.

Tourner les carottes pour leur donner une forme de gousse d'ail.

Faire fondre le beurre dans le plat creux en le passant au four 1 minute à pleine puissance.

Ajouter la laitue (**2**), les petits oignons, la couenne ou la tranche de poitrine. Cuire au four 3 minutes

1

2

3

4

à 100 % pour leur faire perdre leur eau (suer).

Ajouter les petits pois (**3**), les carottes et le sucre. Assaisonner.

Ajouter de l'eau à hauteur et couvrir. Cuire au four 8 minutes à 100 %.

Mélanger la crème et le jaune d'œuf. Verser ce mélange sur les légumes (**4**). Bien mêler et terminer la cuisson en réchauffant 1 minute à 50 %.

Retirer éventuellement la couenne mais servir avec la tranche de poitrine salée.

Plat creux en verre avec couvercle

Céleri ménagère

TEMPS DE CUISSON : **19 minutes**

Laver les branches de céleri et les émincer en tranches de 3 à 4 mm.

Dans le plat creux, mettre le céleri avec 0,5 l d'eau salée. Couvrir avec un film percé et cuire 7 minutes à 100 %. Egoutter à chaud.

Faire fondre le beurre dans le plat à gratin en le passant au four 2 minutes à 100 %.

Ajouter les filets d'anchois hachés, le céleri (**1**), le persil haché, le jus de veau et assaisonner.

Couvrir avec un film percé et cuire 5 minutes à 100 %.

Mélanger les œufs, la mie de pain et le fromage râpé (**2**) et verser sur le céleri (**3**).

Passer sous le grill de la rôtissoire 5 minutes pour faire gratiner.

PRÉPARATION :	**10 minutes**
DIFFICULTÉ :	**faible**
CALORIES :	**340 Kcal**
PRIX :	**faible**

INGRÉDIENTS POUR 4 PERSONNES

600 g de céleri branches ; 40 g de beurre ; 20 g de filets d'anchois ; 20 cl de jus de veau ; 50 g de mie de pain ; 30 g de fromage râpé ; 2 œufs ; 1 cuillerée à café de persil haché ; sel, poivre.

Accompagnement proposé : *rouelle de porc rôtie ou pièce de bœuf braisée.*

Plat creux en verre
Plat à gratin en verre
Film

1

2

3

Riz cantonnais

Un grand classique de la cuisine chinoise qui constitue un délicieux plat complet

TEMPS DE CUISSON : 23 minutes

PRÉPARATION	:	5 minutes
DIFFICULTÉ	:	faible
CALORIES	:	380 Kcal
PRIX	:	faible

INGRÉDIENTS POUR 4 PERSONNES

200 g de riz nature ; 1 tranche de jambon cuit ; 50 g de petits pois cuits ; 30 g d'oignon ; 30 g de crevettes décortiquées ; 2 œufs ; 5 cl de sauce de soja ; 20 g de saindoux ; sel, poivre.

***Vin conseillé :** vin rosé sec.*

1

2

3

4 

5 

6 

Laver le riz à plusieurs reprises. L'égoutter.

Mesurer le volume de riz. Réunir dans le plat creux, le riz et l'eau froide (une fois et demie le volume de riz). Couvrir et cuire 15 minutes à pleine puissance. Egrener après cuisson.

Couper l'oignon en fines lamelles ; le jambon en petits dés.

Faire fondre le saindoux dans le plat à gratin en le chauffant 1 minute à 100 %.

Ajouter les oignons (**2**) et les cuire 2 minutes à 100 %.

Ajouter le jambon (**3**), les crevettes (**4**), les œufs battus (**5**) et les petits pois (**6**). Cuire au four 1 minute à 100 %. Remuer à l'aide d'une fourchette en cours de cuisson.

Ajouter à ce mélange, le riz, la sauce de soja, le sel, le poivre, et 25 cl d'eau. Couvrir d'un film percé et terminer la cuisson au four 4 minutes à 100 %.

Egrener le riz avant de servir et arroser éventuellement de quelques gouttes d'huile de sésame.

Plat creux en verre avec couvercle
Plat à gratin en terre
Film

Oignon aux champignons

TEMPS DE CUISSON :	15 minutes 30

PRÉPARATION :	10 minutes
DIFFICULTÉ :	faible
CALORIES :	210 Kcal
PRIX :	faible

INGRÉDIENTS POUR 4 PERSONNES

4 gros oignons ; 125 g de champignon ; 2 tranches de pain de mie ; 10 cl de lait ; 10 g de persil haché ; 40 g de beurre ; 5 cl de vin blanc ; 10 cl de bouillon de bœuf ou d'eau ; quatre épices ; sel, poivre.
Vin conseillé : *Pinot rosé d'Alsace.*
Accompagnement proposé : *riz sauvage.*

Eplucher les oignons et les évider.

Hacher la chair d'oignon recueillie ainsi que les champignons.

Tremper la mie de pain dans le lait.

Faire fondre 30 g de beurre dans le bol en terre en le passant 30 secondes à 100 %.

Ajouter les oignons et les champignons hachés. Cuire au four 5 minutes à 100 %. Remuer en cours de cuisson.

Ajouter la mie de pain trempée, le sel, le poivre, le persil et les quatre épices. Mélanger et farcir les oignons.

Beurrer le plat à gratin. Ajouter les oignons, le vin blanc et le bouillon. Couvrir d'un film percé et cuire au four 5 minutes à 75 %, puis 5 minutes à 100 %. Laisser reposer avant de servir.

Plat à gratin en verre
Bol en terre
Film

Aubergine bohémienne

TEMPS DE CUISSON : 13 minutes

PRÉPARATION	10 minutes
DIFFICULTÉ	faible
CALORIES	190 Kcal
PRIX	faible

Plat à gratin en verre

INGRÉDIENTS POUR 2 PERSONNES

1 aubergine moyenne ; 2 tomates ; 80 g d'oignon ; 80 g de champignon ; 5 cl d'huile d'olive ; 20 g de chapelure ; sel, poivre.

Accompagnement proposé : *brochettes d'agneau grillées.*

Hacher l'ail et en parsemer le plat à gratin huilé.

Peler les tomates, les couper en deux, les épépiner et les détailler en tranches.

Couper les champignons en lamelles épaisses et les aubergines pelées en gros cubes.

Répartir les tomates et les aubergines dans le plat à gratin. Assaisonner et cuire 5 minutes à 100 %.

Enlever éventuellement l'excédent d'eau.

Ajouter les lamelles de champignons et cuire à nouveau 3 minutes à 100 %.

Saupoudrer de chapelure et passer sous le grill de votre rôtissoire 5 minutes pour colorer.

Pommes sautées lyonnaise

Même à Lyon, terre de tradition et de bonne chaire, on découvre les vertus du micro-ondes

TEMPS DE CUISSON : **22 minutes**

PRÉPARATION :	5 minutes
DIFFICULTÉ :	faible
CALORIES :	310 Kcal
PRIX :	faible

INGRÉDIENTS POUR 4 PERSONNES

1 kg de pomme de terre; 50 g de beurre; 5 cl d'huile; 200 g d'oignon; 20 g de persil; sel, poivre.

Accompagnement proposé : *steak ; tranche de foie, escalope.*

Cuire les pommes de terre en robe des champs (avec leur peau) 10 minutes à 100 %. Les retourner à mi-cuisson.

Eplucher à chaud. Refroidir. Couper en rondelles de 3 à 4 mm.

Emincer les oignons.

Préchauffer le beurre et l'huile dans le plat à gratin 2 minutes à 100 %.

Ajouter les oignons. Cuire 2 minutes à pleine puissance.

Ajouter les pommes de terre en rondelles, le sel et le poivre.

Couvrir avec un film percé. Cuire au four 8 minutes à 100 % en remuant toutes les 2 minutes.

Parsemer de persil haché avant de servir.

Plat à gratin
Film

Pâtes fraîches aux fruits de mer

TEMPS DE CUISSON : 16 minutes	

PRÉPARATION :	10 minutes
DIFFICULTÉ :	moyenne
CALORIES :	410 Kcal
PRIX :	moyen

Jatte

Réaliser la pâte à nouilles. Laisser reposer 10 minutes avant de la détailler en fines lanières.

Cuire dans l'eau bouillante additionnée d'huile 8 minutes à 100 %. Rafraîchir.

Ouvrir les fruits de mer (moules, praires, coques, coquilles Saint-Jacques) en les passant au four 2 minutes à 100 %.

Décortiquer coquillages et crustacés. Filtrer la cuisson et réserver.

Préparer un roux : cuire 1 minute à 100 % 30 g de farine et 30 g de beurre.

Verser la cuisson sur le roux obtenu et cuire 1 minute à 100 %. Mélanger et cuire à nouveau 1 minute à 100 %.

Ajouter la crème fraîche, l'assaisonnement et les fruits de mer. Chauffer 1 minute à 75 %.

Disposer les pâtes en pourtour et la sauce aux fruits de mer au centre. Chauffer 2 minutes à 75 %.

Parsemer de fines herbes et décorer avec le corail de coquilles Saint-Jacques et les têtes de langoustines.

INGRÉDIENTS POUR 4 PERSONNES

Pour les pâtes fraîches : 200 g de farine ; 2 œufs ; sel, huile.
500 g de fruits de mer au choix : moules, crevettes, langoustines ; coquilles Saint-Jacques, praires.
Pour le roux : 30 g de beurre ; 30 g de farine.
20 cl de crème fraîche ; sel, poivre.
***Vin conseillé** : Bourgogne aligoté.*

Poireaux au coriandre

TEMPS DE CUISSON : 13 minutes

PRÉPARATION :	5 minutes
DIFFICULTÉ :	faible
CALORIES :	220 Kcal
PRIX :	faible

Plat creux en verre
Film

INGRÉDIENTS POUR 6 PERSONNES

1 kg de poireau ; 10 cl d'huile d'olive ; 150 g d'oignon ; 100 g de tomate concassée ; 50 g de tomate concentrée ; 10 cl de vin blanc ; 20 cl de jus de veau ; 1 gousse d'ail ; coriandre ; bouquet garni ; sel, poivre.

Couper les oignons en petits dés.

Confectionner des bouquets de poireaux. Préparer la tomate concassée.

Dans un plat creux, avec l'huile d'olive, suer les oignons 2 minutes à pleine puissance.

Ajouter les poireaux, la tomate concassée et le vin blanc. Cuire 1 minute à 100 %.

Ajouter l'ail haché, la tomate concentrée, le sel, le poivre, le coriandre, le bouquet garni et le jus de veau.

Couvrir d'un film percé et cuire au four 10 minutes à pleine puissance.

Laisser reposer 5 minutes avant de servir.

Ce plat peut être servi froid en hors-d'œuvre. Dans ce cas, arroser avec le jus d'un citron avant de servir.

Emincé d'aubergine provençale

Un véritable plat national provençal où l'ail, le thym et l'olive sont rois

1

TEMPS DE CUISSON : 13 minutes	

PRÉPARATION :	10 minutes
DIFFICULTÉ :	faible
CALORIES :	270 Kcal
PRIX :	faible

Couper les oignons en fines lamelles.

Couper les aubergines en deux dans le sens de la longueur en forme d'éventail (ne pas les couper jusqu'au bout).

Intercaler entre chaque tranche d'aubergine des demi-tranches de tomate (**2**).

Huiler le fond du plat à gratin.

2

INGRÉDIENTS POUR 4 PERSONNES

2 aubergines ; 2 tomates ; 150 g d'oignon ; 2 gousses d'ail ; 100 g de champignon ; 5 cl d'huile d'olive ; thym, laurier ; 30 g d'olives dénoyautées ; sel, poivre.

Vin conseillé : *Rosé de Provence.*

Accompagnement proposé : *brochettes d'agneau.*

3

4

Tapisser le fond avec la moitié des oignons. Recouvrir avec les aubergines. Saler et poivrer.

Ajouter l'ail haché, les champignons taillés en lamelles (**3**), le thym, le laurier et les olives vertes et noires (**4**).

Couvrir l'ensemble avec le reste d'oignon.

Cuire à couvert (film percé) 8 minutes à 100 %.

Terminer la cuisson en passant sous le grill 5 minutes.

Plat à gratin en verre
Film

Asperges nature

TEMPS DE CUISSON : **8 minutes**

PRÉPARATION	: **5 minutes**
DIFFICULTÉ	: **faible**
CALORIES	: **160 Kcal**
PRIX	: **moyen**

Eplucher les asperges. Les laver et les égaliser du côté du pied.

Répartir les asperges dans le plat ovale. Tourner toutes les pointes dans le même sens.

Saler et ajouter la noix de beurre et quelques gouttes de citron.

Arroser d'eau jusqu'à mi-hauteur. Couvrir avec un film percé et cuire au four 8 minutes à 100 %.

Plat ovale en verre
Film

INGRÉDIENTS POUR 2 PERSONNES

600 g d'asperge fine ; 30 g de beurre ; quelques gouttes de jus de citron ; sel.
Vin conseillé : *Pinot gris.*
Accompagnement proposé : *sauce mayonnaise ou hollandaise et quelques tranches de jambon cru.*

Carottes à l'aigre-douce

TEMPS DE CUISSON :	10 minutes

PRÉPARATION :	7 minutes
DIFFICULTÉ :	faible
CALORIES :	260 Kcal
PRIX :	faible

INGRÉDIENTS POUR 3 PERSONNES

750 g de carotte ; 100 g de beurre ; 5 cl de vinaigre ; 1 cuillerée à potage de sucre ; 20 cl de crème fraîche épaisse ; 1/2 citron ; quelques grains de cumin ; sel, poivre.

Couper les carottes en fines rondelles.

Verser le sucre et le vinaigre dans le plat creux. Caraméliser en passant au four 2 minutes à 100 %.

Ajouter le beurre, les carottes, le sel, le poivre, le cumin et la crème. Couvrir avec un film percé et cuire au four 8 minutes à 100 %.

Laisser reposer 2 minutes.

Ajouter le jus de citron. Mélanger et servir aussitôt.

Plat creux en verre
Film

Tourte de pommes de terre aux champignons

Un plat d'autrefois qui constituait souvent à lui tout seul un vrai repas

TEMPS DE CUISSON : 17 minutes

PRÉPARATION :	10 minutes
DIFFICULTÉ :	faible
CALORIES :	440 Kcal
PRIX :	faible

INGRÉDIENTS POUR 2 PERSONNES

500 g de pomme de terre ; 100 g d'oignon ; 50 g de beurre ; 2 œufs ; 100 g de champignon ; 15 cl de crème fraîche épaisse ; sel, poivre.

Plat à gratin en verre
Bol en terre
Film

Couper les pommes de terre en fines rondelles, les oignons en petits dés et les champignons en fines lamelles.

Cuire les œufs durs de façon traditionnelle et les hacher.

Remplir le plat à gratin beurré de couches successives de pommes de terre, d'oignon et d'œuf dur haché. Assaisonner entre chaque couche.

Ajouter quelques parcelles de beurre et 10 cl d'eau. Couvrir avec un film percé et cuire au four 10 minutes à 100 %.

Dans un bol en terre beurré, mettre les champignons et la crème. Saler et poivrer et cuire au four 4 minutes à 100 %.

Faire gratiner les pommes de terre 3 minutes sous le grill de votre rôtissoire avant de servir accompagné de sauce aux champignons.

Fonds d'artichauts provençale

Les artichauts de Provence concurrencent ici avantageusement leurs cousins bretons

TEMPS DE CUISSON :	18 minutes

PRÉPARATION :	10 minutes
DIFFICULTÉ :	élevée
CALORIES :	290 Kcal
PRIX :	faible

Raccourcir les feuilles d'artichauts de moitié (**2** et **3**) et tourner le fond (**4**) (attention, cette dernière opération et assez difficile, il vous faudra de la patience).

Les mettre dans le plat creux après avoir citronné les fonds avec le sel et de l'eau à hauteur. Couvrir et cuire 10 minutes à 100 %.

Enlever le foin des fonds et les couper en six ou huit morceaux.

1

2

3

4

Huiler le plat à gratin. Ajouter les petits oignons et les tomates pelées grossièrement concassées. Couvrir avec un film percé et cuire au four 5 minutes à 100 %.

Ajouter l'ail haché et les quartiers d'artichauts. Assaisonner.

Parsemer le dessus de câpres. Terminer la cuisson en chauffant 3 minutes à 75 %. Servir aussitôt.

Plat creux en verre avec couvercle
Plat à gratin en verre
Film

INGRÉDIENTS POUR 3 PERSONNES

3 artichauts; 500 g de tomate pelée en boîte; 200 g de petits oignons; 3 gousses d'ail; 5 cl d'huile d'olive; 40 g de câpres; 1/2 citron; sel, poivre.

Courgettes gratinées

TEMPS DE CUISSON : **8 minutes**

PRÉPARATION :	**10 minutes**
DIFFICULTÉ :	**faible**
CALORIES :	**320 Kcal**
PRIX :	**faible**

INGRÉDIENTS POUR 4 PERSONNES

4 courgettes moyennes; 200 g de thon en boîte; 1 gousse d'ail; 1 cuillerée à potage de persil haché; 1 œuf; 5 cl d'huile d'olive; 10 cl de crème fraîche épaisse; 50 g de fromage râpé; 30 g de chapelure; sel, poivre.

Plat à gratin en verre
Film

Couper les courgettes en tronçons de 5 à 6 cm. Vider l'intérieur. Emietter le thon.

Ajouter le persil, le sel, le poivre, l'ail haché, l'œuf, la crème fraîche épaisse, le fromage râpé. Mélanger le tout et en garnir les courgettes.

Huiler le plat à gratin. Ajouter les courgettes et 10 cl d'eau. Couvrir avec un film percé et cuire au four 5 minutes à 100 %.

Saupoudrer de chapelure et passer 3 minutes sous le grill de votre rôtissoire pour colorer.

7

Desserts

Gâteau aux noix

TEMPS DE CUISSON : 15 minutes

PRÉPARATION	10 minutes
DIFFICULTÉ	moyenne
CALORIES	550 Kcal
PRIX	moyen

Moule à tarte en verre

INGRÉDIENTS POUR 8 PERSONNES

125 g de sucre ; 5 œufs ; 80 g de farine ; 20 g de maïzéna ; 50 g de cerneaux de noix ; 10 g de raisin sec ; 5 cl d'armagnac.

Blanchir les œufs et le sucre au bain-marie jusqu'à obtenir un appareil moussant. Incorporer délicatement la farine et la maïzéna.

Beurrer et fariner le moule à tarte.

Verser la moitié de l'appareil obtenu préalablement dans le moule.

Parsemer de cerneaux de noix et de raisins marinés dans l'armagnac.

Cuire au four pendant 10 minutes à mi-puissance, puis pendant 5 minutes à pleine puissance.

Terminer la cuisson sous une rampe de grill. Démouler puis laisser refroidir.

Crèmes renversées

TEMPS DE CUISSON : 1 mn 30 (caramel) - 35 minutes (crèmes)

INGRÉDIENTS POUR 4 PERSONNES

100 g de sucre (pour le caramel) ; 4 œufs ; 100 g de sucre semoule ; 1/4 de gousse de vanille ; 1/2 l de lait.

Confectionner le caramel dans le four, dans les ramequins, pendant 1 mn 30 à puissance maxi.

Blanchir les œufs et le sucre à froid, puis ajouter le lait dans lequel on aura fait infuser une gousse de vanille.

Cuire pendant au moins 35 minutes en réglant le four à puissance mini.

PRÉPARATION	8 minutes
DIFFICULTÉ	faible
CALORIES	350 Kcal
PRIX	faible

Ramequins en verre

Petits pavés aux fruits

TEMPS DE CUISSON :	23 minutes

PRÉPARATION :	7 minutes
DIFFICULTÉ :	faible
CALORIES :	620 Kcal
PRIX :	faible

INGRÉDIENTS POUR 4 PERSONNES

2 pommes golden ; 100 g de riz rond ; 50 cl de lait ; 100 g de sucre ; 2 jaunes d'œufs.
Pour la panure : 50 g de sucre ; 2 œufs ; 30 g de biscuit à la cuillère écrasé.
20 g de beurre ; 100 g de confiture de groseille ; 2 cl de kirsch.

Plat creux en verre
Plat à gratin

1

2

3

Dans un plat creux, faire bouillir le lait en le passant au four 3 minutes à pleine puissance.

Ajouter le riz. Cuire au four 5 minutes à 100 %.

Ajouter les pommes coupées en dés. Cuire 10 minutes à 75 %.

Ajouter le mélange sucre et jaunes d'œufs. Terminer la cuisson par 3 minutes à 100 %.

Verser l'ensemble obtenu dans un plat huilé. Laisser refroidir 60 minutes.

Découper le riz refroidi en quartiers. Les paner au sucre, à l'œuf battu (**2**) et au biscuit écrasé (**3**).

Préchauffer le plat à gratin avec le beurre 2 minutes à 100 %.

Y déposer les quartiers de riz panés et les saisir au four 2 minutes à pleine puissance (retourner à mi-cuisson).

Servir avec une confiture de groseille parfumée au kirsch.

Charlotte aux pommes

TEMPS DE CUISSON : 7 minutes	

PRÉPARATION :	8 minutes
DIFFICULTÉ :	faible
CALORIES :	650 Kcal
PRIX :	moyen

Eplucher les pommes et les tailler en quartiers.

Cuire au four avec du sucre à couvert pendant 2 minutes à puissance maxi.

Tremper les feuilles de gélatine dans l'eau froide.

Garnir le fond et les parois du moule de biscuits à la cuillère préalablement trempés dans un sirop de sucre.

Chauffer la moitié du coulis d'abricot pendant 1 minute à 75 %. Ajouter les feuilles de gélatine égouttées dans le coulis d'abricot chaud.

Ajouter les quartiers de pommes et mélanger le coulis d'abricot, la gélatine et 3 ou 4 biscuits à la cuillère écrasés.

Tasser le tout dans le moule et cuire au four pendant 4 minutes à 75 %. Laisser refroidir.

Servir avec le reste de coulis d'abricot tiède, parfumé au kirsch.

Grand ramequin en verre ou en terre à bord haut évasé

INGRÉDIENTS POUR 6 PERSONNES

Biscuits à la cuillère ; 10 cl de sirop de sucre ; 700 g de pomme ; 50 g de sucre ; 30 cl de coulis d'abricot ; 2 feuilles de gélatine.
Vin conseillé : Saumur.

Gâteau du Congo

TEMPS DE CUISSON : 25 minutes

PRÉPARATION :	15 minutes
DIFFICULTÉ :	faible
CALORIES :	780 Kcal
PRIX :	moyen

INGRÉDIENTS POUR 6 PERSONNES

150 g de biscuit au chocolat ; 50 g de beurre ; 75 g de fruits confits en dés ; 50 g de noix de coco râpée ; 150 g d'ananas en dés ; 20 g d'amandes effilées ; 40 g de noix de coco râpée ; 5 cl d'alcool de coco (malibu).
Pour la crème : 5 œufs ; 120 g de sucre ; 50 cl de lait ; vanille.
Vin conseillé : *Monbazillac.*

Confectionner l'appareil à crème prise sucrée (blanchir œufs et sucre à froid et ajouter le lait vanillé bouillant ; passer au chinois). Beurrer le moule et le chemiser avec de la noix de coco râpée.

Disposer dans le moule le biscuit, les fruits confits, l'ananas (coupé en dés), l'alcool de coco.

Verser la première moitié de l'appareil à crème prise. Cuire au four pendant 10 minutes à 75 %.

Ajouter les amandes et des râpures de chocolat.

Verser la deuxième partie de la crème et cuire pendant 10 minutes à 75 %, puis pendant 5 minutes à puissance maxi.

Servir tiède avec crème anglaise, ou froid sur coulis de fruits exotiques.

Tarte aux raisins et aux amandes

TEMPS DE CUISSON : 12 minutes

PRÉPARATION :	5 minutes
DIFFICULTÉ :	faible
CALORIES :	400 Kcal
PRIX :	faible

Plateau en verre

Acheter des fonds de tartelettes prêts à l'emploi.

Disposer dans les fonds de tartelettes de l'amande en poudre. Les couvrir de grains de raisin (alterner les couleurs).

Verser à mi-hauteur de l'appareil à crème prise. Cuire au four 5 minutes à mi-puissance.

Verser le reste de l'appareil. Cuire de nouveau 5 minutes à mi-puissance.

Ajouter les amandes effilées. Passer sous la rampe d'un grill pendant 2 minutes.

INGRÉDIENTS POUR 4 PERSONNES

4 fonds de tartelettes cuits ; 500 g de raisin sec blanc et noir ; 30 cl d'appareil à crème prise ; 30 g d'amande en poudre ; 30 g d'amande effilée.
Vin conseillé : *Blanquette de Limoux.*

Gâteau au chocolat

*Pour amateurs inconditionnels du chocolat.
Trois desserts tous plus délicieux
les uns que les autres*

Moule à cake en verre

Fondre le chocolat : chauffer 3 minutes à 75 % avec un peu d'eau.

Beurrer le moule. Ajouter le beurre dans le chocolat fondu. Mélanger.

Dans un saladier, mélanger les œufs, le sucre. Faire blanchir. Ajouter le lait, le chocolat, la levure et la farine.

Verser le mélange dans le moule beurré.

Cuire au four. 5 minutes à 25 %, puis 3 minutes à 75 %.

Laisser reposer 5 minutes et démouler.

Mettre au frais avant de servir.

TEMPS DE CUISSON : 13 minutes

PRÉPARATION	: 5 minutes
DIFFICULTÉ	: faible
CALORIES	: 330 Kcal
PRIX	: faible

INGRÉDIENTS POUR 6 PERSONNES

150 g de chocolat à cuire ; 5 cl d'eau ; 125 g de beurre ; 3 œufs ; 125 g de sucre ; 5 cl de lait ; 60 g de farine ; 1/2 sachet de levure chimique.

Vin conseillé : *Bordeaux blanc sucré.*

Accompagnement proposé : *crème anglaise.*

Poire au chocolat

TEMPS DE CUISSON :	13 minutes

PRÉPARATION :	2 minutes
DIFFICULTÉ :	faible
CALORIES :	580 Kcal
PRIX :	faible

INGRÉDIENTS POUR 6 PERSONNES

6 poires ; 250 g de sucre ; 80 cl d'eau ; 1/2 gousse de vanille ; 250 g de chocolat à cuire ; 20 g de beurre ; 10 cl de lait.
Vin conseillé : *Sauternes.*
Accompagnement proposé : *boule de glace à la vanille et crème fouettée.*

Plat profond en verre avec couvercle
Bol en verre

Eplucher les poires. Les rassembler avec le sucre, l'eau et la vanille.

Cuire au four avec couvercle 3 minutes à pleine puissance.

Retourner les poires. Terminer la cuisson par 3 minutes à 100 %.

Laisser reposer dans le sirop.

Préparer la sauce au chocolat : mettre le chocolat, le lait et le beurre dans un bol en verre, cuire 7 minutes à 50 %.

Egoutter les poires. Les découper et les servir avec la sauce chaude.

Mousse au chocolat

PRÉPARATION :	8 minutes
DIFFICULTÉ :	moyenne
CALORIES :	680 Kcal
PRIX :	faible

TEMPS DE CUISSON :	7 minutes

INGRÉDIENTS POUR 4 PERSONNES

250 g de chocolat ; 40 g de beurre ; 2 cuillères à soupe de lait ; 4 œufs ; 40 g de sucre.
Vin conseillé : *Banyuls.*

Casser le chocolat et le faire fondre avec du lait pendant 7 minutes à mi-puissance, en remuant deux fois.

Ajouter le beurre à froid, en fouettant pendant 2 minutes. Mélanger les jaunes d'œufs et le sucre. Incorporer ce mélange au chocolat fondu.

Monter les blancs en neige ferme. Les ajouter délicatement à l'appareil précédent.

Remplir les ramequins. Refroidir au réfrigérateur pendant 40 minutes avant de servir.

Jatte

Crêpes suzette

Une manière très sophistiquée d'enrichir l'un des plats les plus simples de la bonne cuisine française

TEMPS DE CUISSON : **6 minutes**

PRÉPARATION :	**10 minutes**
DIFFICULTÉ :	**faible**
CALORIES :	**620 Kcal**
PRIX :	**moyen**

INGRÉDIENTS POUR 4 PERSONNES

Pour les crêpes : 25 cl de lait ; 1 œuf ; 125 g de farine ; 1 pincée de sel.
Pour le beurre suzette : 125 g de beurre, 125 g de sucre ; 5 cl de Grand-Marnier ; 5 cl de cognac ; 2 oranges ; 1/2 citron.
Vin conseillé : Clairette de Die.

1 

2 

3 

Cuire les crêpes de façon classique. Les réserver sur une assiette. Couvrir.

Caraméliser le sucre (avec 2 cuillerées d'eau) dans le plat à gratin en le passant au four 2 minutes à pleine puissance. Laisser tiédir hors du four.

Mélanger le beurre, le Grand-Marnier (**2**), les zestes d'orange et de citron (**3**).

Verser les jus d'une orange et d'un demi-citron sur le caramel (**4**). Cuire au four 1 minute à 100 %.

Hors du four, incorporer dans le caramel à l'orange, le beurre malaxé (**5**). Mélanger et cuire 1 minute à 50 %.

Plier les crêpes et les déposer dans la sauce obtenue (**6**). Saupoudrer de sucre. Passer sous le grill 2 minutes.

Tiédir le cognac et flamber l'ensemble hors du four au moment de servir.

Plat à gratin en verre

Coulis de baies rouges

INGRÉDIENTS POUR 4 PERSONNES

Pour le sirop : 100 g de sucre ; 10 cl d'eau ;
250 g de framboise surgelée ; 50 g de myrtille ; 50 g d'airelle ; 50 g de groseille ; 1/2 citron.

PRÉPARATION :	5 minutes
DIFFICULTÉ :	faible
CALORIES :	320 Kcal
PRIX :	moyen

TEMPS DE CUISSON : 2 minutes

Réaliser le sirop de sucre : cuire le sucre et l'eau 2 minutes à pleine puissance.

Ajouter les framboises. Passer au mixeur.

Ajouter le jus d'un demi-citron.

Après refroidissement, ajouter les myrtilles, les airelles et les groseilles.

Bol en verre

Tartelette au miel et chocolat

TEMPS DE CUISSON : 14 minutes

PRÉPARATION :	5 minutes
DIFFICULTÉ :	faible
CALORIES :	630 Kcal
PRIX :	faible

INGRÉDIENTS POUR 4 PERSONNES

4 fonds de tartelette feuilletée précuits ; 30 g de miel ; 30 g de chocolat ; 75 g de sucre ; 1/2 sachet de sucre vanillé ; 2 œufs ; 20 cl de crème liquide ; 1 cuillerée à potage de maïzena.

Vin conseillé : Muscat d'Alsace.

1 

2 

3 

4

5

Rassembler le miel et le chocolat dans un bol (**2**). Fondre au four 2 minutes à 100 %.

Mélanger le sucre, le sucre vanillé et les œufs. Ajouter la maïzena. Mélanger à nouveau.

Ajouter le miel et le chocolat (**3**). Mélanger.

Ajouter la crème liquide (**4**). Fouetter.

Verser le mélange obtenu dans les tartelettes (**5**).

Cuire au four 10 minutes à 25 % et 2 minutes à 100 %. Laisser refroidir.

Garnir de copeaux de chocolat ou lustrer avec de la gelée de groseille.

Bol en terre
Plateau tournant

Gâteau aux marrons

TEMPS DE CUISSON : 8 minutes

PRÉPARATION	: 15 minutes
DIFFICULTÉ	: moyenne
CALORIES	: 650 Kcal
PRIX	: moyen

Moule rond en verre

INGRÉDIENTS POUR 4 PERSONNES

1 génoise précuite; 1 boîte 4/4 de marrons; 25 cl de crème pâtissière; 2 œufs; 20 cl de crème liquide; 20 g de beurre; 5 cl de kirsch; 10 cl de sirop de sucre.

***Vin conseillé** : Vouvray moelleux.*

Confectionner la purée de marrons. Ajouter la crème pâtissière.

Beurrer le moule. Disposer une demi-génoise dans le fond du moule. Arroser avec la moitié du sirop parfumé au kirsch. Ajouter la crème de marrons ainsi obtenue.

Recouvrir avec la 2e moitié de génoise. Arroser avec le reste du sirop parfumé au kirsch.

Mélanger la crème liquide avec les œufs. Verser dans le moule.

Cuire au four 5 minutes à 25 %, puis 3 minutes à 100 %.

Servir tiède accompagné de crème anglaise, ou froid après avoir démoulé et décoré avec crème chantilly et amandes effilées.

Crème anglaise à la vanille ou au chocolat

TEMPS DE CUISSON : 7 minutes

PRÉPARATION	: 5 minutes
DIFFICULTÉ	: élevée
CALORIES	: 750 Kcal
PRIX	: faible

INGRÉDIENTS POUR 0,5 L DE CRÈME

50 cl de lait; 5 jaunes d'œufs; 125 g de sucre; 1/2 gousse de vanille.
Pour la crème anglaise chocolat : 50 g de chocolat fondu.
Accompagnement proposé : *beignets, biscuits secs, pudding aux fruits...*

1

2

3

4

5

6

Mélanger avec un fouet les jaunes d'œufs et le sucre (**2**) jusqu'à ce que cela blanchisse.

Faire bouillir le lait 3 minutes à 100 % avec la 1/2 gousse de vanille et éventuellement avec le chocolat fondu.

Verser le lait bouillant sur le mélange sucre/jaunes d'œufs (**3**). Mélanger le tout.

Remettre le mélange dans le bol ayant servi à faire bouillir le lait. Cuire 4 minutes à 25 %.

La crème anglaise ne doit pas bouillir. Remuer fréquemment environ toutes les 20 secondes à l'aide d'une cuillère en bois (**4**).

La crème anglaise est cuite lorsqu'elle nappe la cuillère en bois (**5**).

Si vous laissez une trace sur la cuillère, arrêter immédiatement la cuisson (**6**).

Pommes cuites fourrées

TEMPS DE CUISSON : 1 minute

PRÉPARATION :	***5 minutes***
DIFFICULTÉ	*:* ***faible***
CALORIES	*:* ***260 Kcal***
PRIX	*:* ***faible***

INGRÉDIENTS POUR 4 PERSONNES

4 pommes Boskop; 30 g de beurre; 10 cl d'eau ou de jus de pomme; 60 g de cerneaux de noix; 30 g de sucre; 5 cl de crème fraîche épaisse; 1/2 orange.

Boisson conseillée : *jus de pomme ou vin blanc d'Alsace fruité.*

Accompagnement proposé : *crème anglaise ou crème fouettée à la vanille.*

Vider les pommes par le centre sans les éplucher. Inciser légèrement le tour de la pomme. Piquer à l'aide d'une aiguille.

Préparer la farce : hacher les cerneaux de noix; ajouter le sucre, la crème et le jus d'orange. Mélanger le tout.

Fourrer le centre des pommes avec la farce obtenue.

Ajouter au-dessus une petite noix de beurre. Disposer les pommes sur le plat beurré. Ajouter le jus de pomme ou l'eau. Couvrir d'un film percé. Cuire au four 1 minute à 100 %. Veiller à ne pas trop cuire les pommes, pour éviter l'éclatement.

Plat à gratin opaque

Gâteau aux amandes

Les amandes sont utilisées dans bien des pâtisseries ici nous leur donnons la vedette

TEMPS DE CUISSON : **16 minutes**

PRÉPARATION :	**10 minutes**
DIFFICULTÉ :	**faible**
CALORIES :	**620 Kcal**
PRIX :	**moyen**

1

2

3

4

5

6

7

Pour le biscuit : mélanger les œufs, le sucre et le sel. Faire blanchir.

Ajouter le sucre vanillé, la farine (**2**) et la levure.

Faire fondre le beurre dans un bol 1 minute à 100 %. Ajouter le beurre fondu (**3**) avec les autres éléments. Mélanger le tout.

Verser l'ensemble dans le plat rond (**4**). Cuire au four 5 minutes à 25 %.

Le biscuit peut être cuit un ou deux jours à l'avance. Dans ce cas, préservez-le de l'humidité.

Préparer la crème : mélanger le sucre et le beurre ramolli. Ajouter les amandes (**5**), la farine (**6**) et la crème (**7**).

Verser la crème sur le biscuit cuit (**8** et **9**). Cuire l'ensemble au four 5 minutes à 75 %. Terminer la coloration sous le grill 5 minutes.

Plat rond en porcelaine à bords hauts
Bol en terre

8

9

INGRÉDIENTS POUR 4 PERSONNES

Pour le biscuit : 2 œufs ; 125 g de sucre ; 100 g de beurre ; 150 g de farine ; 1 sachet de sucre vanillé ; 1 sachet de levure chimique ; 1 pincée de sel.
Pour la crème : 150 g d'amandes concassées ; 100 g de beurre ; 150 g de sucre ; 30 g de farine ; 10 cl de crème liquide.
Vin conseillé : *Sauternes.*
Accompagnement proposé : *crème anglaise.*

Gâteau normand au caramel

Des pommes, du calva, du lait... une trilogie à laquelle il ne manque qu'un bon "coup" de cidre !

TEMPS DE CUISSON : 14 minutes

PRÉPARATION	: 10 minutes
DIFFICULTÉ	: faible
CALORIES	: 670 Kcal
PRIX	: faible

INGRÉDIENTS POUR 6 PERSONNES

900 g de pomme ; 100 g de sucre ; 100 g de beurre ; 100 g de farine ; 2 œufs ; 1 sachet de levure chimique ; 10 cl de lait ; 5 cl de calvados.
Pour le caramel : 100 g de sucre ; 5 cl d'eau.
Boisson proposée : cidre.
Accompagnement proposé : caramel liquide.

1

2

3

Réunir le sucre et 5 cl d'eau dans le moule. Confectionner le caramel en passant au four 4 minutes à pleine puissance.

Répartir le caramel sur toutes les parois du moule (**2**).

Couper les pommes en demi-tranches fines. Les disposer en rosace sur le fond du moule.

Blanchir les œufs et le sucre. Ajouter la farine, la levure, le beurre ramolli, le calvados (**4**) et le lait tiède (**5**). Mélanger.

4

Verser le mélange sur les pommes. Cuire l'ensemble 5 minutes à 50 %, puis 5 minutes à 100 %.

5

Laisser tiédir et démouler.

Moule en verre

Confit de mandarines

TEMPS DE CUISSON : 13 minutes

PRÉPARATION :	5 minutes
DIFFICULTÉ	: faible
CALORIES	: 600 Kcal
PRIX	: faible

Plat creux en verre
Film

INGRÉDIENTS POUR 6 PERSONNES

300 g de sucre ; 500 g de mandarine ; 60 cl d'eau ; 1 gousse de vanille ; 1 orange.
Accompagnement proposé :
sorbet à la mandarine.

Réunir le sucre, l'eau et la vanille. Porter à ébullition en passant au four 5 minutes à pleine puissance.

Couper les mandarines en rondelles avec la peau.

Les ajouter au sirop obtenu ainsi que le jus d'une orange.

Couvrir d'un film percé et cuire 8 minutes à 100 %.

Concasser l'ensemble à l'aide du mixeur.

Parfumer avec quelques gouttes de liqueur de mandarine. Réserver au frais.

Tartelette framboisine

La saveur délicate des framboises associée à celle des noisettes et du citron

TEMPS DE CUISSON : 13 minutes	
PRÉPARATION :	10 minutes
DIFFICULTÉ :	faible
CALORIES :	480 Kcal
PRIX :	moyen

Ecraser les framboises décongelées et ajouter le sucre. Mélanger.

Verser le mélange obtenu jusqu'à mi-hauteur dans les tartelettes (**1**).

Monter les blancs en neige.

Mélanger les noisettes, le sucre glace, les zestes de citron et les blancs en neige.

Remplir les tartelettes avec ce mélange (**2**).

Cuire au four 5 minutes à 50 %, puis 3 minutes à 100 %.

Laisser reposer. Faire caraméliser les tartelettes en les passant sous le grill 5 minutes.

Plateau tournant

INGRÉDIENTS POUR 4 PERSONNES

4 tartelettes précuites ; 80 g de framboises surgelées ; 100 g de sucre ; 100 g de noisettes hachées ; 30 g de sucre glace ; 1 citron ; 3 blancs d'œufs.

1

2

Tarte chaude à l'abricot

La finesse de l'abricot mise subtilement en valeur par cette délicate tarte chaude

TEMPS DE CUISSON : **18 minutes**

PRÉPARATION :	**5 minutes**
DIFFICULTÉ :	**faible**
CALORIES :	**400 Kcal**
PRIX :	**faible**

Plat à tarte en verre

Egoutter les oreillons d'abricots.

Saupoudrer le fond de tarte avec les amandes en poudre.

Disposer les abricots dans la tarte.

Battre les œufs, le sucre et le sucre vanillé pour faire blanchir le mélange.

Ajouter le lait et la crème fraîche liquide. Mélanger.

Verser ce mélange dans la tarte. Cuire l'ensemble au four 5 minutes à 50 %, puis 10 minutes à 75 %.

Déplacer le plat en cours de cuisson, pour assurer la cuisson au centre de la tarte.

Saupoudrer de sucre glace. Passer sous le grill de votre rôtissoire pendant 3 minutes.

Laisser tiédir et servir.

INGRÉDIENTS POUR 6 PERSONNES

1 fond de tarte précuit ; 50 g d'amande en poudre ; 1 boîte de 1 kg d'oreillons d'abricot au sirop ; 2 œufs ; 50 g de sucre ; 1 sachet de sucre vanillé ; 20 cl de lait ; 20 cl de crème fraîche liquide ; 1 cuillerée à potage de sucre glace.
Vin conseillé : *Sauternes.*
Accompagnement proposé : *sauce à l'abricot parfumée au kirsch.*

Crème au beurre chocolatée

TEMPS DE CUISSON : 7 minutes	

PRÉPARATION :	5 minutes
DIFFICULTÉ	: moyenne
CALORIES	: 420 Kcal
PRIX	: moyen

Mélanger les jaunes d'œufs et le sucre.

Ajouter la fécule et la farine. Mélanger.

Faire fondre le beurre dans un bol en terre en le passant au four 2 minutes à 100 %.

Faire bouillir le lait dans le deuxième bol en terre en le chauffant 3 minutes à 100 %.

Verser le lait bouillant sur le chocolat. Mélanger.

Verser le lait chocolaté sur le mélange jaunes d'œufs-sucre-farine-fécule. Fouetter et cuire l'ensemble dans le bol ayant servi à bouillir le lait 2 minutes à 100 %. Remuer trois ou quatre fois en cours de cuisson.

Laisser refroidir la crème ainsi obtenue.

Incorporer dans la crème froide, le beurre en pommade. Mélanger vivement l'ensemble.

Cette crème sert dans de nombreuses recettes et notamment pour garnir des génoises.

INGRÉDIENTS POUR GARNIR UNE GÉNOISE DE 6 PERSONNES

125 g de sucre ; 5 jaunes d'œufs ; 20 g de farine ; 10 g de fécule ou de Maïzena ; 40 cl de lait ; 60 g de chocolat à cuire ; 200 g de beurre.

2 bols en terre

Confiture de fraises

TEMPS DE CUISSON : 13 minutes

PRÉPARATION	: 5 minutes
DIFFICULTÉ	: faible
CALORIES	: 50 Kcal *
PRIX	: moyen

Equeuter les fraises. Les laver, les égoutter et les éponger.

Rassembler les fruits et le sucre dans le plat creux. Laisser macérer 12 heures.

Ajouter le jus de citron et cuire 6 minutes à pleine puissance.

Tremper à l'eau froide les feuilles de gélatine pendant 15 minutes.

Egoutter les fraises. Recueillir le jus dans le bol en terre (**1**).

Faire bouillir ce jus 2 minutes à 100 %.

Ajouter les feuilles de gélatine au jus de fraises (**2**). Mélanger.

Dans le plat creux, mélanger les fraises égouttées et le jus lié à la gélatine (**3**). Cuire l'ensemble 5 minutes à 100 %.

Verser le mélange obtenu en pots.

Pour bien conserver la confiture, fermer les pots avec une feuille de papier sulfurisé trempée dans l'huile de paraffine.

* La valeur calorifique est donnée ici pour une cuillerée à potage.

Plat creux en verre
Bol en terre

INGRÉDIENTS
POUR 750 G DE CONFITURE

500 g de fraises ; 500 g de sucre ; 1 citron ; 3 feuilles de gélatine.

1

2

3

Mousse aux fraises

*Un vrai délice à
réaliser en un temps record et
qui ne restera pas longtemps sur la table*

TEMPS DE CUISSON : 5 minutes

PRÉPARATION	10 minutes
DIFFICULTÉ	moyenne
CALORIES	290 Kcal
PRIX	faible

Bol en terre

INGRÉDIENTS POUR 4 PERSONNES

250 g de fraises ; 100 g de sucre ; 10 cl d'eau ; 3 feuilles de gélatine ; 20 cl de crème liquide ; 2 blancs d'œufs.

Vin conseillé : *Vouvray.*

Accompagnement proposé : *crème Chantilly.*

Tremper les feuilles de gélatine pendant 20 minutes.

Equeuter les fraises. Les laver et les éponger.

Dans le bol en terre, mettre le sucre et l'eau. Cuire au four 3 minutes à pleine puissance.

Ajouter les fraises dans le sirop et cuire 2 minutes à 100 %.

Passer le tout au mixeur. Ajouter les feuilles de gélatine dans le coulis de fraises chaud. Laisser refroidir.

Monter les blancs en neige et les incorporer délicatement au coulis froid mais non encore pris.

Monter la crème fouettée et l'incorporer dans le mélange précédent.

Verser la mousse dans des coupes ou des ramequins. Réserver au frais au moins 6 heures avant de servir. Décorer avec quelques fraises fraîches.

Délice normand

TEMPS DE CUISSON : 19 minutes

PRÉPARATION	: 10 minutes
DIFFICULTÉ	: faible
CALORIES	: 380 Kcal
PRIX	: faible

Plat à gratin en verre
Plat à tarte en terre
Saladier

Faire fondre 30 g de beurre dans le plat à gratin en le chauffant 1 minute à 100 %.

Ajouter 120 g de sucre et cuire 5 minutes à 100 % pour obtenir un caramel.

Eplucher et couper les pommes.

Les ajouter dans le caramel. Mélanger et cuire le tout 1 minute à 100 %.

Beurrer et fariner le plat à tarte.

Dans un saladier, mélanger 100 g de sucre et les jaunes d'œufs. Faire blanchir le mélange.

Ajouter le beurre en pommade (**2**), la levure, la farine, la crème et le calvados.

Incorporer à ce mélange les trois blancs d'œufs montés en neige.

Verser cette préparation dans le plat à tarte et y ajouter les quartiers de pommes caramélisés. Cuire au four 4 minutes à 75 %, puis 3 minutes à 100 %.

Terminer la cuisson et la coloration en passant 5 minutes sous le grill de votre rôtissoire. Servir tiède.

1 

2 

INGRÉDIENTS POUR 6 PERSONNES

3 pommes ; 30 g de beurre ; 220 g de sucre ; 3 œufs ; 10 cl de crème fraîche liquide ; 125 g de farine ; 1/2 paquet de levure chimique ; 5 cl de calvados ; 100 g de beurre.

Boisson conseillée : *Cidre.*

Accompagnement proposé : *compote de pommes tiède détendue avec quelques gouttes de calvados.*

Flan de pruneaux

Un flan délicieux comme on sait si bien en faire du côté d'Agen

TEMPS DE CUISSON : 18 minutes

PRÉPARATION :	15 minutes
DIFFICULTÉ :	faible
CALORIES :	530 Kcal
PRIX :	faible

INGRÉDIENTS POUR 6 PERSONNES

500 g de pruneaux secs ; 10 cl d'armagnac ; 10 biscuits à la cuillère ; 20 g de beurre ; 30 cl de lait ; 4 œufs ; 30 cl de crème fleurette ; 100 g de sucre ; 1 gousse de vanille.
Vin conseillé : *Rosé d'Anjou.*
Accompagnement proposé : *crème anglaise parfumée à l'armagnac.*

Dénoyauter les pruneaux.

Beurrer le plat à gratin. Disposer les pruneaux sur le plat.

Arroser avec l'armagnac. Concasser les biscuits sur les pruneaux.

Préparer l'appareil à flan : blanchir le sucre et les œufs ; ajouter le lait, la crème fleurette et la vanille.

Verser l'appareil sur les pruneaux. Cuire au four 15 minutes à 25 % et 2 minutes à 75 % et 1 minute à pleine puissance.

Laisser refroidir.

Plat à gratin opaque ou 6 ramequins

Truffes au chocolat

INGRÉDIENTS POUR 30 TRUFFES

350 g de chocolat à cuire ; 10 cl de lait ; 100 g de beurre ; 3 jaunes d'œufs ; quelques gouttes de Cointreau ou de Grand-Marnier ; 30 noisettes ; 50 g de poudre de cacao.

PRÉPARATION :	10 minutes
DIFFICULTÉ :	faible
CALORIES :	85 Kcal*
PRIX :	faible

* *Nombre de calories donné pour 1 truffe*

TEMPS DE CUISSON : 3 minutes

1

2

Dans le bol en terre, mettre le chocolat concassé et le lait. Couvrir avec un film percé et cuire au four 3 minutes à 100 %.

Ajouter le beurre (**1**). Mélanger.

Laisser tiédir l'ensemble.

Ajouter les jaunes d'œufs (**2**) et mélanger.

Parfumer avec quelques gouttes de Cointreau ou de Grand-Marnier. Laisser refroidir.

Former des petites boules. Insérer une noisette au centre de chaque truffe. Passer chacune d'elles dans la poudre de cacao.

Pour un goûter d'enfants, ne pas mettre d'alcool.

Bol en terre
Film

Diplomate

Jatte profonde
6 ramequins ou 1 moule à charlotte en verre
Plateau tournant

TEMPS DE CUISSON : 25 minutes

PRÉPARATION :	10 minutes
DIFFICULTÉ :	faible
CALORIES :	410 Kcal
PRIX :	faible

INGRÉDIENTS POUR 6 PERSONNES

150 g de biscuits à la cuiller.
Pour la crème prise sucrée : 4 œufs ; 125 g de sucre ; 60 cl de lait ; 1/2 gousse de vanille.
75 g de fruits confits ; 2 cl de kirsch.
Pour le décor : 10 g de cerises ; 5 g d'angélique.
***Vin conseillé :** Tavel.*
***Accompagnement proposé :** crème anglaise ou coulis de fruits rouges.*

1

2

Faire bouillir le lait avec la vanille 3 minutes à pleine puissance.

Pour réaliser la crème prise sucrée : blanchir le sucre et les œufs ; verser le lait bouillant sur les œufs et le sucre ; passer et réserver.

Macérer les fruits confits dans le kirsch.

Disposer dans le fond des moules un papier sulfurisé rond.

Chemiser le fond des moules et les parois avec les biscuits à la cuiller.

Ajouter la moitié des fruits confits dans les moules.

Verser un peu d'appareil à crème prise (**1**). Laisser imbiber 5 minutes.

Ajouter quelques morceaux de biscuits et le reste des fruits confits.

Verser le reste de l'appareil à crème prise. Cuire au four (**2**) sur le plateau tournant 20 minutes à 25 % et 2 minutes à 75 %.

Laisser refroidir. Démouler et décorer à volonté avec des cerises et de l'angélique.

Pudding au cacao et à l'orange

Grâce au micro-ondes, le pudding est enfin réalisable en un temps raisonnable

TEMPS DE CUISSON : 13 minutes

PRÉPARATION	: 10 minutes
DIFFICULTÉ	: faible
CALORIES	: 580 Kcal
PRIX	: faible

INGRÉDIENTS POUR 4 PERSONNES

50 cl de lait ; 100 g de sucre ; 30 g de cacao en poudre ; 50 g de beurre ; 4 œufs ; 100 g de mie de pain ; 12 tranches d'orange confite ; 30 g de cerneaux de noix.

Vin conseillé : Monbazillac.

Accompagnement proposé : crème anglaise.

1

2

3

4

Réunir dans le bol en verre, le lait, le sucre, le cacao (**2**) et le beurre. Cuire au four 5 minutes à 100 %.

Beurrer et sucrer le moule en verre.

Battre les œufs et verser dessus le lait aromatisé au cacao.

Incorporer la mie de pain (**3**) et les cerneaux de noix.

Disposer par couches successives dans le moule, le mélange obtenu et des tranches d'oranges confites (**4**). Cuire au four 4 minutes à 75 %, puis 4 minutes à 100 %.

Laisser refroidir avant de démouler.

Bol en verre
Moule en verre

Crème Régence

TEMPS DE CUISSON : 7 minutes

PRÉPARATION	: 10 minutes
DIFFICULTÉ	: faible
CALORIES	: 290 Kcal
PRIX	: faible

Casser les biscuits à la cuiller en deux ou trois morceaux. Les imbiber de kirsch.

Verser le lait froid sur les biscuits et laisser infuser 10 minutes. Passer au mixeur.

Beurrer et sucrer les ramequins.

Mélanger le sucre, les jaunes d'œufs, les œufs et le sel. Verser dessus le mélange lait-biscuits (**2**).

Remplir les ramequins. Les poser sur le plateau tournant et cuire au four 4 minutes à 50 %, puis 2 minutes à 100 %.

Dans le bol en terre, tiédir le coulis d'abricot 1 minute à 100 %.

Démouler les ramequins sur fond de coulis d'abricot et avec abricots frais émincés.

Décorer avec quelques feuilles de menthe et une pointe de chantilly. Servir tiède.

INGRÉDIENTS POUR 3 PERSONNES

50 g de biscuits à la cuiller ; 5 cl de kirsch ; 25 cl de lait ; 2 œufs ; 3 jaunes d'œufs : 75 g de sucre ; 20 g de beurre ; 30 g de coulis d'abricot ; 1 pincée de sel ; quelques abricots frais ; feuilles de menthe ; crème chantilly.

6 ramequins en verre
Bol en terre

1

2

3

Quatre-quarts au chocolat

TEMPS DE CUISSON : 7 minutes

PRÉPARATION	5 minutes
DIFFICULTÉ	faible
CALORIES	470 Kcal
PRIX	faible

INGRÉDIENTS POUR 4 PERSONNES

100 g de beurre ; 100 g de sucre ; 100 g de farine ; 2 œufs ; 2 cuillerées à potage de cacao en poudre ; 1 sachet de levure.
Pour le moule : 20 g de beurre ; 10 g de farine.
Vin conseillé : *Vouvray.*
Accompagnement proposé : *crème anglaise.*

1

Beurrer et fariner le moule à charlotte.

Dans un saladier, mélanger le sucre, les œufs. Faire blanchir.

Ajouter le cacao et la levure. Incorporer le beurre en pommade (**2**).

Ajouter la farine. Verser le mélange dans le moule et cuire au four 4 minutes à 50 %, puis 3 minutes à 100 %.

Laisser tiédir et démouler.

Moule en verre
Saladier

2

Crème pâtissière

TEMPS DE CUISSON : 5 minutes

PRÉPARATION :	5 minutes
DIFFICULTÉ :	moyenne
CALORIES :	1 200 Kcal
PRIX :	faible

INGRÉDIENTS POUR 1/2 L DE CRÈME PATISSIÈRE

50 cl de lait ; 1/2 gousse de vanille ; 125 g de sucre ; 4 jaunes d'œufs ; 50 g de farine ; 20 g de Maïzena.

Faire bouillir le lait dans le plat à bord haut 3 minutes à 100 % avec la gousse de vanille.

Mélanger les jaunes d'œufs et le sucre. Faire blanchir. Ajouter la farine (**1**) et la Maïzena. Mélanger.

Verser le lait bouillant sur le mélange obtenu. Fouetter rapidement (**2**).

Verser l'ensemble dans le plat à bord haut (**3**). Cuire au four 2 minutes à 100 % pour épaissir. Remuer fréquemment.

Laisser refroidir dans un autre récipient. Pour éviter la formation de peau sur le dessus de la crème, saupoudrer de sucre glace.

Plat en verre à bord haut
Saladier

1

2

3

Clafoutis aux cerises

*Retrouver, avec cette recette,
le plaisir des desserts d'autrefois*

TEMPS DE CUISSON : 10 minutes

PRÉPARATION	:	10 minutes
DIFFICULTÉ	:	faible
CALORIES	:	390 Kcal
PRIX	:	faible

Dénoyauter les cerises.

Faire fondre 60 g de beurre en le passant au four 1 minute à 100 %.

Mélanger le sucre et les œufs. Faire blanchir le mélange.

Ajouter la farine. Mélanger et ajouter le sucre vanillé.

1

2

INGRÉDIENTS POUR 3 PERSONNES

500 g de cerises ; 125 g de sucre ; 4 œufs ; 25 cl de lait ; 100 g de farine ; 70 g de beurre ; 10 biscuits à la cuiller ; 1 sachet de sucre vanillé.

Vin conseillé : *Sauternes ou Clairette de Die.*

Accompagnement proposé : *gelée de groseille tiède.*

Incorporer le lait et le beurre fondu.

Beurrer le plat à gratin.

Ecraser les biscuits à la cuiller et en saupoudrer le fond du plat.

Ajouter les cerises au mélange sucre-œufs-lait (**2**).

Verser le tout dans le plat à gratin et cuire au four 5 minutes à 50 %, puis 4 minutes à 100 %.

Laisser refroidir avant de servir.

Plat à gratin en verre
Bol en verre

Gâteau au café

TEMPS DE CUISSON : 11 minutes

PRÉPARATION :	10 minutes
DIFFICULTÉ :	faible
CALORIES :	620 Kcal
PRIX :	faible

Saladier
Plat rond en verre
2 bols en verre

Dans un bol en verre, verser l'eau, le rhum et le café soluble. Passer au four 1 minute à 100 %.

Laisser refroidir.

Beurrer et fariner le moule.

Dans un saladier, mélanger le sucre et les œufs. Faire blanchir.

Ajouter 200 g de farine et la levure.

Faire fondre 200 g de beurre en le passant au four 2 minutes à 100 %.

Ajouter le beurre fondu, les amandes et l'infusion de café soluble à la préparation sucre-œufs-farine-levure. Mélanger.

Verser le mélange obtenu dans le moule et cuire au four 5 minutes à 50 %, puis 3 minutes à 100 %.

Laisser tiédir. Démouler et servir.

INGRÉDIENTS POUR 6 PERSONNES

200 g de sucre ; 4 œufs ; 210 g de beurre ; 210 g de farine ; 150 g d'amandes en poudre ; 1 paquet de levure en poudre ; 2 cuillerées à café de café soluble ; 5 cl de rhum ; 10 cl d'eau.

Vin conseillé *: champagne demi-sec ou thé.*

Accompagnement proposé : *crème anglaise parfumée au café et au rhum.*

Baba au rhum

TEMPS DE CUISSON : 11 minutes	

PRÉPARATION :	10 minutes
DIFFICULTÉ	: faible
CALORIES	: 540 Kcal
PRIX	: faible

Confectionner le sirop : couper l'orange et le citron en rondelles sans les peler.

Dans un bol en terre, réunir les rondelles de fruits, le sucre et l'eau. Cuire au four 3 minutes à 100 %. Réserver.

Confectionner la pâte : mélanger tous les ingrédients, farine, levure en poudre, lait, œufs, beurre, sucre et sel, à petite vitesse à l'aide d'un batteur électrique jusqu'à l'obtention d'une pâte lisse.

Incorporer les raisins secs.

Beurrer les ramequins.

Les remplir avec la pâte jusqu'à mi-hauteur. Cuire au four 3 minutes à 25 %, puis 3 minutes à 50 % et 2 minutes à 100 %.

Démouler les babas.

Passer sous le grill jusqu'à l'obtention d'une belle coloration.

Laisser refroidir.

Imbiber les babas de sirop tiède et arroser avec le rhum.

6 ramequins en verre
Bol en terre

INGRÉDIENTS POUR 6 PERSONNES

Pour la pâte : 125 g de farine ; 1/2 paquet de levure en poudre : 5 cl de lait ; 2 œufs ; 40 g de beurre ; 20 g de sucre ; 1 pincée de sel ; 40 g de raisins secs.
Pour le sirop : 1/2 orange ; 1/2 citron ; 20 cl d'eau ; 100 g de sucre ; 5 cl de rhum.
Boisson conseillée : *rhum ou Vouvray.*

Cake aux raisins

TEMPS DE CUISSON : 13 minutes

PRÉPARATION	10 minutes
DIFFICULTÉ	faible
CALORIES	430 Kcal
PRIX	faible

INGRÉDIENTS POUR 6 PERSONNES

250 g de farine ; 160 g de beurre ; 125 g de sucre ; 3 œufs ; 100 g de raisins secs ; 50 g de fruits confits ; 1 paquet de levure chimique ; 1 pincée de sel.

Vin conseillé : *Barsac.*

Travailler à la spatule, 150 g beurre et le sucre. Saler.

Ajouter les œufs et mélanger.

Incorporer la farine et la levure chimique.

Ajouter les raisins secs et les fruits confits. Mélanger le tout.

Verser dans le moule à cake beurré. Cuire 5 minutes à 50 %, 3 minutes à 75 % et 5 minutes à pleine puissance.

Démouler après cuisson. Laisser refroidir. Couper en tranches avant de servir.

Moule à cake en verre

Tarte Tatin

Un grand classique de la cuisine française rendu possible en un temps record grâce au micro-ondes

TEMPS DE CUISSON : 16 minutes	

PRÉPARATION :	8 minutes
DIFFICULTÉ	: faible
CALORIES	: 730 Kcal
PRIX	: moyen

Confectionner la pâte brisée de façon traditionnelle.

Dans un plat creux, disposer le beurre et le sucre.

Ajouter les demi-pommes citronnées. Cuire pour obtenir une belle coloration 2 minutes à pleine puissance, puis 3 minutes au grill.

Couvrir les pommes de pâte en rentrant les bords à l'intérieur du moule. Passer au grill 4 minutes. Cuire 7 minutes à 100 % et 2 minutes à 75 %.

Laisser reposer 2 minutes.

Démouler sur un plat de service rond. Servir tiède. Saupoudrer éventuellement de cannelle et napper de crème fraîche parfumée au calvados.

INGRÉDIENTS POUR 4 PERSONNES

10 pommes ; 40 g de beurre ; 1 citron ; 200 g de sucre.
Pour la pâte brisée : 250 g de farine ; 125 g de beurre ; 1 jaune d'œuf ; 5 cl d'eau ; sel ; 40 g de sucre ; poudre de cannelle ; calvados.

Plat creux rond

Charlotte aux poires et aux raisins

TEMPS DE CUISSON : 16 minutes

Bol opaque à bord haut
Plat à gratin en verre

Réunir dans le plat à gratin les poires coupées en deux ou en quatre, les raisins secs et le sirop. Cuire au four 4 minutes à pleine puissance.

PRÉPARATION :	10 minutes
DIFFICULTÉ :	faible
CALORIES :	650 Kcal
PRIX :	faible

INGRÉDIENTS POUR 6 PERSONNES

3 poires fraîches ; 50 g de raisin sec.
Pour le sirop : 20 cl d'eau ; 50 g de sucre.
Pour l'appareil : 100 g de sucre ; 3 jaunes d'œufs.
300 g de pain de mie ; 50 g de beurre.
3 feuilles de gélatine.
***Vin conseillé :** Sylvaner ou Bordeaux sucré.*
***Accompagnement proposé :** coulis de fruits.*

1

2

Tremper les feuilles de gélatine à l'eau froide.

Colorer les tranches de pain de mie en les passant 5 minutes sous le grill.

Chemiser le bol avec les tranches de pain de mie (**2**).

Confectionner l'appareil : mélanger le sucre et les jaunes d'œufs. Ajouter le sirop de cuisson des poires et les feuilles de gélatine.

Disposer dans le moule les poires et l'appareil obtenu.

Cuire au four 2 minutes à 75 % et 5 minutes à pleine puissance.

Laisser refroidir avant de servir.